青少年探索文库
QingShaoNianTanSuoWenKu

青春格言大全

张 潜 编

吉林人民出版社

图书在版编目（CIP）数据

青春格言大全 / 张潜编. — 长春 : 吉林人民出版社, 2010.10（2021.3重印）
（青少年探索文库）
ISBN 978-7-206-07069-3

Ⅰ. ①青… Ⅱ. ①张… Ⅲ. ①格言–世界–青少年读物 Ⅳ. ①H033-49

中国版本图书馆CIP数据核字(2010)第192107号

青春格言大全

编　　者：张　潜
责任编辑：王　斌
吉林人民出版社出版（长春市人民大街 7548 号　邮政编码：130022）
印　刷：三河市燕春印务有限公司
开　本：700mm×970mm　1/16
印　张：13　字数：110 千字
标准书号：ISBN 978-7-206-07069-3
版　次：2010 年 10 月第 1 版　印　次：2021 年 3 月第 2 次印刷
定　价：39.00 元

目 录

真理给人以骨头

得万人之兵，不如闻一言之当。

（一言之当；能够说出天时、地利、人和的话，称为“当”。）

《淮南子·说山训》

人心所归，唯道与义。

《晋书·熊远传》

真理给人以骨头，

谁有真理，

谁就能站立着行走。

雷抒雁：《骨头》

一个人倘若一生只追求一样东西，那他就有希望在寿终之前得到它。但是倘若他每到一处都想追求，那他只能从遍播希望种子的土地上收获到遗憾。

欧·梅雷迪斯：《鲁西尔》

渴望得到无望获得的东西，这是心灵的一种疾病。

弥尔顿：《科玛斯》

如果一个民族没有为祖国的利益发奋的激情，那么，这就是这个民族气节衰退的最严重的表现。

艾迪生：《地产拥有者》

真理往往在少数人一边。

易卜生：《国民公敌》

真理常常很平凡，而平凡的真理却常常为少数人的成见和偏见所翳掩。

夏衍：《战争与民主》

真理，哪怕只见到一线，我们也不能让它的光辉变得暗淡。

李四光　引自1959年2月28日《中国青半报》

真理才是生命之光，斗争才是和平之母……

郭小川：《厦门风姿》

最好是把真理比做燧石，——它受到的敲打越厉害，发射出的光辉就越灿烂。

马克思　引自《外国名言一千句》

没有抽象的真理，真理总是具体的。

列宁：《列宁选集》

真理并非如德谟克利特所说埋藏于深渊之底，而是由神圣的知识升华到一个无限的高度。

蒙田：《人生随笔》

最伟大的真理是最平凡的真理。

列·托尔斯泰　引自《外国名言一千句》

真理是时间的孩子，不是权威的孩子。

布莱希特　引自《名人名言录》

真理的旅行，是不用入境证的。

约里奥·居里　引自《约里奥·居里传》

真理是时间的女儿。

达·芬奇　引自《外国科学家史话》

谬误之事酷似真理，以致聪慧之士竟也在关键点上信不过自己。

西塞罗　引自蒙田《人生随笔》

不知别人对我怎样看，不过我自己总是觉得好像在海滨玩耍的一个小孩子，有时很高兴地拾着一颗光滑美丽的石子，但真理的大海，我还没有发现。

牛顿　引自《人生箴言录》

真理不存在于丑化了的现实里。

乔治·桑　引自《火和剑》

真理是智慧的太阳。

沃韦纳戈　引自《外国名言一千句》

真理往往非常朴素，以致人们不相信它。

列瓦尔特　引自《外国名言一千句》

如果人的实在局限于我思的存在，那它就只能有一个瞬间的真理。

萨特：《存在与虚无》

真理是高效堆肥，美好的东西时常生长在这上面。

克·达·莫利：《喂，朝里边!》

一切伟大的真理都是从亵渎神明开始的。

肖伯纳：《安纳约斯克》

真理是永远蒙蔽不了的。

莎士比亚：《一报还一报》

精神上而不是文字上的真理才是真正的真理。

罗·路·史蒂文森：《交际的真理》

绝对真理从没人见过，以后也不会有人知道。

色诺芬尼：《残篇集》

最深刻的真理多半难以用文字来表述，认识它们的最好办法是从字里行间去加以领悟。

阿尔科特：《和谐的日子·六月》

真正的智慧之泉就是真理本身。

乔·梅瑞狄斯：《克劳斯威的黛安娜》

真理不需要用华丽的词藻来修饰。

托·米德尔顿：《爱之家》

即使信口雌黄到了无以复加的地步，二加二还是等于四。

塞·约翰逊：《懒汉》

有真理才有和平，这就是我的警告。

乌纳穆诺：《随笔与独白》

权威并非真理，真理才有权威，

莫特；这是她的座右铭

让别人为名利去胡乱写作吧，真理得到传颂就是它的最好报酬。

奥弗伯里：《悼念埃芬厄姆勋爵的挽歌》

真理往往是在痛苦的呻吟中说出来的。

莎士比亚：《理查二世》

最长的剑，最洪亮的吼声，最多数的人，这些都不是衡量真理的尺度。

惠奇科特：《布道文集》

希望真理在自己这边是一回事，而真诚地希望自己在真理那边则又是一回事。

沃特利：《论热爱真理》

站在真理的优越地位上所产生的乐趣是任何其他乐趣所无法比拟的。

弗·培根：《随笔集·论真理》

为了真理而热爱真理

只有忠实于事实，才能忠实于真理。

周恩来　引自1980年10月7日《文汇报》

爱真理，忠实地生活，这是至上的生活态度。没有一点虚伪，没有一点宽恕，对自己忠实，对别人也忠实，你就可以做你自己的行为的裁判官。

巴金：《谈心会》

自古以来，真理总是实事求是的人们所发现的。

徐懋庸：《真理归于谁家》

对真理的热爱就体现在：知道怎样去发现和珍视每一事物的好处。

歌德：《歌德的格言和感想集》

首先和最后要求于天才的事，就是热爱真理。

歌德：《歌德的格言和感想集》

关键在于要有一颗爱真理的心灵，随时随地碰见真理，就把它吸收进来。

歌德：《歌德谈话录》

研究真理（就是向它求爱求婚），认识真理（就是与之同处），和相信真理（就是享受它），乃是人性中最高的美德。

培根：《培根论说文集》

用语言表达出来的真理，是人们生活中的巨大力量。

列·托尔斯泰　引自《外国名言一千句》

偏执想把真理掌握在自己手里，但一握却弄死了它。

泰戈尔　引自《人生箴言录》

不爱自由和真理的人，可能成为强有力的人，但决不会成为伟大的人。

伏尔泰　引自《外国名言一千句》

真理诚然是一个崇高的字眼，然而更是一桩崇高的业绩。如果人的心灵与情感依然健康，则其心潮必将为之激荡不已。

黑格尔：《黑格尔全集》

真诚的心是真理的主要武器。

卢梭　引自《外国名言一千句》

对真理的追求比对真理的占有更为可贵

对真理和知识的追求并为之奋斗，是人类最高品质之一。

爱因斯坦：《人类生活的目标》

学习，不断地追求真理和美，是使我们永葆青春的活动范围。

爱因斯坦：《爱因斯坦通信选》

客观地衡量，一个人以热情奋斗所获得的真理实在微乎其微，但奋斗能使我们解脱自身的束缚，并使我们成为最优秀、最伟大的人物的同体。

爱因斯坦：《爱因斯坦通信选》

对真理的追求要比对真理的占有更为可贵。

爱因斯坦：《理论物理学基础》

为寻求真理的努力所付出的代价，总是比不但风险地占有它要高昂得多。

爱因斯坦：《自述片断》

对于一个为了发现一丁点儿真理而奋斗终生的人来说，如果他能亲眼看到别人真正理解并喜欢他的工作，那他就得到了最美好的报偿。

爱因斯坦　引自《爱因斯坦谈人生》

对自己都不信任，还会信什么真理？

莎士比亚：《莎士比亚全集》

在争论中，正义和真理也不一定永远能得到公正的裁判……

莎士比亚：《莎士比亚全集》

你沿着真理这座高山攀登，决不会劳而无获。

尼采：《人性的——过于人性的》

即使沿着峭壁行走，我也会无所畏惧地追随真理。

詹·拉·洛威尔：《幕后一瞥》

真理是最有力的，同时也常常是最离奇的东西。

丹·韦伯斯特：《关于怀特上尉被谋杀一事的演说》

真理总是离奇的，甚至比虚构的还要离奇。

乔·拜伦：《唐璜》

只有伟大的目标才能产生伟大的毅力

青年呵！你们临开始活动以前，应该定定方向。比如航海远行的人，必先定个目的地，中途的指针，总是指着这个方向走，才能有达到那目的地的一天。若是方向不定，随风飘转，恐怕永无达到的日子。

李大钊　引自《人生箴言录》

因为终极目的的不同，在行进时，也时时有人退伍，有人落荒，有人颓唐，有人叛变，然而只要无碍于进行，则愈到后来，这队伍也就愈成为纯粹，精锐的队伍了。

鲁迅：《非革命的急进革命论者》

用不正当手段达到的目的，不是正当的目的。

马克思　引自《外国名言一千句》

只有伟大的目的才能产生伟大的毅力。

斯大林　引自《人生箴言录》

有些人活着没有任何目标，他们在世间行走，就像河中的一棵小草，他们不是行走，而是随波逐流。

小塞涅卡

如果一个人不知道他要驶向哪个码头，那么任何风都不会是顺风。

小塞涅卡

我常常重复这一句话：一个人追求的目标越高，他的才力就发展得越快，对社会就越有益；我确信这也是一个真理。这个真理是由我的全部生活经验，即是我观察、阅读、比较和深思熟虑过的一切确定下来的。

高尔基：《论文学》

不知道明天要干什么事的人是不幸的人。

高尔基

要有生活目标：一辈子的目标，一段时期的目标，一个阶段的目标，一年的目标，一个月的目标，一个星期的目标，一天的目标，一个小时的目标，一分钟的目标，还得为大目标牺牲小目标。

要尽可能做一个对祖国有用的人。

托尔斯泰　引自《托尔斯泰传》

跛足而不迷路者能赶过虽健步如飞但误入歧途的人。

培根

一个没有原则和没有意志的人就像一艘没有舵和罗盘的船，他会随着风向的变化而随时改变自己的方向。

史美尔斯

我们的生活就像旅行，思想是导游者，没有导游者，一切都会停止。目标会丧失，力量也会化为乌有。

歌德

没有一定的目标，智慧就会丧失，哪儿都是目标，哪儿就都没有目标。

蒙田

人们早就把世界称为狂暴的海洋，有幸的人带着指南针而航行。

卡拉姆辛

有什么样的目的，就会采取什么样的手段。

约·威尔莫特

正当的目的要采取正当的手段去实现，

切不可认为只要目的正当就可不择手段。

塞·约翰逊：《艾琳》

要达到预期的目的，就必须在一条道上一直走下去，切不可在众多的路上徘徊不前。

塞内加：《致鲁西流书信集》

人们可以照着自己的意思解释一切事物的原因，实际却和这些事物本身的目的完全相反。

莎士比亚：《裹力斯·恺撒》

我认为，为求得更深更广的见识和理解而斗争，是这样一些独立目标之一，要是没有这些目标，一个有思想的人，对待生活就不会有积极自觉的态度。

爱因斯坦：《科学家的道义责任》

理智使我们弄清楚手段同目的的相互关系。

爱因斯坦：《目标》

不管时代的潮流和社会的风尚怎样，人总可以凭着自己高贵的品质，超脱时代和社会，走自己正确的道路。

爱因斯坦：《我的世界观》

万里飞腾仍有路，莫愁四海正风尘。

夏完淳：《舟中忆邵景说寄张子退》

在困难的时候，要看到成绩，要看到光明，要提高我们的勇气。

毛泽东：《为人民服务》

我总想为大家辟一条光明的路。

瞿秋白：《饿乡纪程》

曙光在头上，不抬起头，便永远只能看见物质的闪光。

鲁迅：《“圣武”》

以前早有路了，以后也该永远有路。

鲁迅：《生命的路》

站在歧路上是几乎难于举足，站在十字路口，是可走的道路很多。

鲁迅：《北京通信》

然而将来是永远要有的，并且总要光明起来，只要不做黑暗的附着物，为光明而灭亡，则我们一定有悠久的将来，而且一定是光明的将来。

鲁迅：《记谈话》

切不可听到一二个懦夫的劝阻与黑暗的朋友的威吓，自己就软弱下来，放弃应有的努力，特别在那稍纵即逝的紧急关头。

方志敏：《可爱的中国》

大丈夫作事，应有最大的决心，见义勇为，见危不惧，要引导人走上光明之路，不要被人拖入黑暗之潭！

方志敏：《给一位同情革命者的信》

只要前面有路，总会走得出头。

丰子恺：《明心园》

昂起头来！我们在战胜一切，我们能够战胜一切！

高尔基：《高尔基论报刊》

暗的东西之所以显得更暗，那是光明的东西变得更加鲜明耀眼的缘故。

高尔基：《高尔基论报刊》

在这个完全是有条件的世界上，去直接追求无条件的事物，没有比这更可悲的景象了。

歌德：《歌德的格言和感想集》

大自然把人们困在黑暗之中，迫使人们永远向往光明。

歌德

灯火，灯火在哪里呢？用熊熊的渴望之火把它点上吧！

泰戈尔：《泰戈尔诗选·吉擅迦利》

我寻求那得不到的东西，我得到我所没有寻求的东西。

泰戈尔：《泰戈尔诗选·园丁集》

人必须要有耐心，特别是要有信心。

居里夫人　引自《人生箴言录》

拼命去争取成功，但不要期望一定成功。

迈克尔·法拉第　引自《人生箴言录》

光明呀，不在这黑暗中找到光明，我们就将在黑暗中死去！

布朗基　引自《外国名言一千句》

只有向自己提出伟大的目标并以自己的全部力量为之而奋斗的人，才是幸福的人。

加里宁　引自《外国名言一千句》

我们越接近于目标，困难就会越多。

歌德：《歌德的格言和感想集》

尚未实现的崇高目标，要比已经达到的渺小目的尤为珍贵。

歌德

向着某一天终于要达到的那个终极目标迈步还不够，还要把每一步骤看作目标；使它作为步骤而起作用。

歌德

目标越接近，困难越增加。但愿每一个人都像星星一样安详而从容地不断沿着既定的目标走完自己的路程。

歌德

走得最慢的人，只要他不丧失目标，也比漫无目的地徘徊的人走得快。

莱辛

一个人向着目标迈进的时候，应当笔直地朝前望。

罗曼·罗兰　引自《人生箴言录》

冷静地去做，但要热切地追求。

比阿斯　引自蒙田《人生随笔》

伟大的热情能战胜一切，因此我们可以说，一个人只要强烈地坚持不懈地追求，他就能达到目的。

司汤达　引自《西方古典作家谈文艺创作》

目光远大的人应当将自己的每一个愿望摆好位置，然后逐一地去实现它。贪得无厌常常把这种秩序打乱，使我们同时去追逐许多目标，以至贪小失大。

拉罗什弗科

生活的意义在于有所追求。

帕克赫斯特：《布道文集·耶稣登山宝训永垂典范》

没有追求的人生是十分乏味的。

爱略特：《丹尼尔·狄朗达》

因为怕失掉某一样东西而放弃对它的追求，这是可鄙的。

普卢塔克：《希腊罗马名人比较列传·梭伦》

标新立异是人的天性。

大普林尼：《自然史》

人们往往忽略近在眼前的事物，而一味渴求远在天边的东西。

小普林尼：《书信录》

伸手捕捉星星，却忘记了脚边的花朵。

边沁：《道义学》

希望是醒着的梦

星星之火，可以燎原。

毛泽东：《星星之火，可以燎原》

失望无论大小，是一种苦味

鲁迅：《写在〈坟〉后面》

希望是附丽于存在的，有存在，便有希望，有希望，便是光明。

鲁迅：《记谈话》

我们所可以自慰的，想来想去，也还是所谓对于将来的希望。

鲁迅：《记谈话》

世界决不和我同死，希望是在于将来的。

鲁迅：《鲁迅译著书目》

……所谓“无欲望状态”，是死亡的第一步。

鲁迅：《“这也是生活”……》

我觉得在人的心理上，预想往往比实行快乐。

丰子恺：《实行的悲哀》

世事之乐不在于实行而在于希望，犹似风景之美不在其中而在其外。

丰子恺：《实行的悲哀》

希望是人生之需要。人如没有希望，何异江河干涸了流水?!

巴金

人在希望中长大，假如五十而不死，还是要带着希望走完所剩不多的生命的旅程。

茅盾

平凡的池水一临照了夕阳，便成了金海！

冰心

希望是本无所谓有，无所谓无的。这正如地上的路；其实地上本没有路，走的人多了，也便成了路。

鲁迅　引自《鲁迅箴言集》

什么是路？就是从没路的地方践踏出来的，从只有荆棘的地方开辟出来的。

鲁迅　引自《鲁迅箴言集》

要之，倘若先前并无可以师法的东西，就只好自己来开创。

鲁迅　引自《鲁迅箴言集》

站在歧路上是几乎难于举足，站在十字路口，是可走的道路很多。

鲁迅　引自《鲁迅箴言集》

嘲笑唐吉诃德的旁观者，有时也嘲笑得未必得当。

鲁迅　引自《鲁迅箴言集》

人间的事，只要生机不灭，即使重遭天灾人祸，暂被阻抑，终有抬头的日子。

丰于恺：《生机》

……人类的希望像一颗永恒的星一样，乌云掩不住它的光芒。特别是在今天，和平不是一个理想，一个梦。它是万人的愿望。

巴金：《给西方作家的公开信》

世间的任何事物，追求时候的兴致总要比享用时候的兴致浓烈。

莎士比亚：《莎士比亚全集》

一个最困苦、最微贱、最为命运所屈辱的人，可以永远抱着希冀而无所恐惧……

莎士比亚：《莎士比亚全集》

从最高的地位上跌下来，那变化是可悲的，对于穷困的人，命运的转机却能使他欢笑。

莎士比亚：《莎士比亚全集》

我们因为希望达到我们所追求的目的，往往发出违心之论。

莎士比亚：《莎士比亚全集》

希望是不幸者的唯一药饵。

莎士比亚：《莎士比亚全集》

创造世界的神，往往借助于最微弱者之手……最有把握的希望，往往结果终于失败，最少希望的事情，反而使人意外地成功。

莎士比亚：《莎士比亚全集》

黑夜无论怎样悠长，白昼总会到来的。

莎士比亚：《莎士比亚全集》

我坚信，如果你具有专注的热情，你一定能够在科学领域中孕育出一些有价值的东西。

爱因斯坦：《对马赫的评价及其他》

希望是不幸者的第二灵魂。

歌德：《歌德的格言和感想集》

无论欲望得到满足的可能性有多大，总还是未定之天，所以在欲望得到实现时，总是令人感到惊讶。

歌德：《歌德的格言和感想集》

我们都喜欢瞻望未来，因为我们总是暗自希望那些活动着的尚未肯定的事情，朝着于我们有利的方向发展。

歌德：《歌德的格言和感想集》

十全十美是上天的尺度，而要达到十全十美的这种愿望，则是人类的尺度。

歌德：《歌德的格言和感想集》

对未来的向往乃是基于对某种永不会消灭的东西的存在所产生出来的真挚而强烈的感觉。

歌德：《歌德的格言和感想集》

人类最可宝贵的财富是希望，希望减轻了我们的苦恼，为我们在享受当前的乐趣中描绘出来日乐趣的远景。

伏尔泰：《哲学通信集》

把希望建筑在意欲和心愿上面的人们，二十次中有十九次都会失望。

大仲马：《红屋骑士》

过去属于死神，未来属于你自己。

雪莱　引自《逆境中的选择》

未来是光明而美丽的，爱它吧，向它突进，为它工作，迎接它，尽可能地使它成为现实吧！

车尔尼雪夫斯基　引自《车尔尼雪夫斯基》

每一个忠实于未来、为了美好的未来而牺牲的人都是一座石质的雕像。

伏契克　引自《外国名言一千句》

对一个人来说，所期望的不是别的，而仅仅是他能全力以赴和献身于一种美好事业。

爱因斯坦　引自《爱因斯坦》

希望是醒着的梦。

亚里士多德引自第欧根尼《亚里士多德传》

人类最可宝贵的财富是希望。

伏尔泰

人的全部智慧，完全包含在四个字里："等待"和"希望"。

大仲马

希望会使你年轻，因为希望和青春是同胞兄弟。

雪莱

希望在任何地方，都是一种支撑生命的安定力量。

莎士比亚

洪水可以从涓滴细流中产生，大海有时却出乎奇迹地会干枯；最有把握的希望，往往结果失败，最少希望的事情，反会出人意料地成功。

莎士比亚

不幸的人，除了希望以外，并无良药。

莎士比亚

希望是引导人成功的信仰。如果没有了希望，便一事无成。

海伦·凯勒

希望者，思想之母也。

莎士比亚

与其说我们是活在功业里，勿宁说是活在希望里。

胡华

希望是人的阳光。

史迈尔斯

希望是恋人的手杖，带着它前行，可以对抗自觉绝望的思想。

莎士比亚

希望是风雨之夜所现之晓霞。

歌德

希望是生命的灵魂，心灵的灯塔，成功的向导。

歌德

强大的勇气，崭新的意志——这就是希望。

马丁路德

一切的和谐与平衡，健康与健美，成功与幸福，都是由乐观与希望的向上心理产生与造成的。

华盛顿

希望是生命的源泉，失去它的生命就会趋于枯萎。

富兰克林

希望之“桥”就是从“信心”这个字开来的——而这是一条把我们引向无限博爱的桥。

安徒生

希望好似食盐，少放一点，让你觉得津津有味，放多了便让你难以下咽。

佚名

希望与生命常相伴随。

塞万提斯

在对明日有所期待的时候，没有一种药比希望能激起更大的刺激和效果。

马尔登

只靠希望而生活的人，便要失望。

意大利谚语

上帝，让我所希望的总是比我能完成的多。

米开朗基罗

虽然人类常被希望所瞒骗，然而它却载着我们快乐地驶向人生的终点。

罗骨夫高

理想是高尚的生活

志不立，天下无可成之事。

王阳明

立志不定，终不济事。

朱熹

百学须先立志。

朱熹

身如逆流船，心比铁石坚；望父全儿志，至死不怕难。

李时珍

大鹏一日同风起，抟摇直上九万里，假令风歇时下来，犹能簸却沧溟水。

李白

垂头自惜千金骨，伏枥仍存万里心。

郝经

鞠躬尽瘁，死而后已。

诸葛亮

夫学须志也，才须学也，非学无以广才，非志无以成学。

诸葛亮

三军可夺帅也，匹夫不可夺志也。

孔丘

人无志，非人也。

嵇康

老骥伏枥，志在千里；烈士暮年，壮心不已。

曹操

燕雀安知鸿鹄之志。

司马迁

命为志存。

朱熹

会当凌绝顶，一览众山小。

杜甫

不登高山，不知天之大也；不临深谷，不知地之厚也。

荀子

风声、雨声、读书声，声声入耳；家事、国事、天下事，事事关心。

顾宪成

与其说我们是活在功业里，勿宁说是活在希望里。

胡华

个人的兴趣应该服从于革命事业和国家的社会主义建设事业，离开事业来孤立地强调个人的兴趣，就缺乏正确的目的，就不容易得到多方面的鼓励，就不容易激发持久坚韧的信心，最终也就不会有突出成就的。

郭沫若

人生最有趣味的事情，就是送旧迎新，因为人类最高的欲求，是在时时创造生活。

李大钊

越是可望不可及的东西，它就越宝贵!

冯雪峰：《乌鸦和金子》，《雪峰文集》

人需要理想，但是需要人的、符合自然的理想，而不是超自然的理想。

列宁　引自《外国名言一千句》

在我生平每一发展阶段或时期，我所悬的最高理想从来不超过我当时的力所能及。

歌德　引自《人生箴言录》

否定理想的人可能容易找到，不过他是把卑鄙当做美好。

歌德　引自《人生箴言录》

如果人类不幸到目光只限于考虑当前，那么人就会不再去播种，不再去种植，人对什么也不准备了；从而在这尘世的享受中，人就会缺少一切。

伏尔泰：《哲学通信集》

在理想的最美好世界中一切都是为最美好的目的而设。

伏尔泰　引自《人生箴言录》

我们为之斗争的最高理想，就是同保护我们幸福的物质世界保持良好关系，同时又不必因此同决定我们尊严的道德世界决裂。

席勒：《审美教育书简》

真正美的东西必须一方面跟自然一致，另一方面跟理想一致。

席勒

人除了活命和安康以外还有一种需要，除了理解他周围的现象以外还有另外的天职。

席勒：《审美教育书简》

请把高傲的忍耐置于心中：

你们辛酸的工作不白受苦，

崇高理想的追求不会落空。

普希金：《普希金抒情诗选集》

理想是世界的主宰。

乔·吉·霍兰：《金箔·理想的救世主》

理想主义者是专为他人造福的人。

亨·福特

一个人的活动，如果不是被高尚的思想所鼓舞，那它是无益的、渺小的。

车尔尼雪夫斯基　引自《车尔尼雪夫斯基全集》

人类的心灵需要理想甚于需要物质。

雨果　引自《人生箴言录》

人有了物质才能生存，人有了理想才谈得上生活。你要了解生存与生活的不同吗？动物生存，而人则生活。

雨果　引自《人生箴言录》

生活中没有理想的人，是可怜的人。

屠格涅夫

毫无理想而又优柔寡断是一种可悲的心理。

培根　引自《名人名言录》

理想是指路明灯。没有理想，就没有坚定的方向；没有方向，就没有生活。

列·托尔斯泰　引自《外国名言一千句》

没有理想，即没有某种美好的愿望，也就永远不会有美好的现实。

陀斯妥也夫斯基　引自《外国名言一千句》

进步就是理想的实现。

王尔德：《社会主义制度下的人的灵魂》

不要离开幻想。一旦幻想消失，你也许可以继续安在，但生活将从此和你无缘。

马克·吐温：《傻瓜威尔逊的新日历》

如果让幻想四处徘徊，
欢乐就没有安身之地。

济慈：《幻想》

我们可以把幻想当做伴侣，但必须请理智做向导。

塞·约翰逊：《致博斯威尔的信》

一切超越理智的幻想都是某种程度的疯狂。

塞·约翰逊：《拉塞勒斯》

我们唯一的悲哀是生活于愿望之中而没有希望。

但丁

无目标而生活，有如没有罗盘而航行。

拉斯金

我的人生正是；使事业成为喜悦，使喜乐成为事业。

罗素

人生最美好的，就是在你停止生命时，也还能以你所创造的一切为人民服务。

奥斯特洛夫斯基

人当中最糟糕的人，就是没有志向的人。

阿巴依·库那巴耶夫

没有工作简直受不了，工作使一切美化，思想能创造新的生命。

诺贝尔

少说些漂亮话，多做些日常平凡的事情。

列宁

要成就一件大事业，必须从小事做起。

列宁

人创造事业，并以事业而光荣。

高尔基

当你工作和研究的时候，必须具有强烈的热情。

巴甫洛夫

走你的路，让人们去说吧！

但丁

幸运的不是始终去做你所希望做的事，而是始终希望达到你所做的事情的目的。

列·托尔斯泰

要成为一个真正的人和有用的人，光有诚实的品德是不够的，还需要有始终不渝的思想。

车尔尼雪夫斯基

我把全部工作贡献给他们，因为在我的生活中除掉为人民服务而外，没有任何其他目的。

威廉斯

才能是从对于工作的热情中成长起来的。极端地说来，甚至可以说：所谓“才能”，本质上不过是对于工作，对于工作过程的一种“爱”而已。

高尔基

不会做小事的人，也做不出大事来。

罗蒙诺索夫

没有信仰的人的生活，无非是动物的生活。

列·托尔斯泰

一个人如果没有被热烈的忠诚鼓舞着，他是不会做出伟大事业来的。

车尔尼雪夫斯基

实际工作中是没有爱说废话的人的位置的。

斯大林

谁要是认为崇高的、遥远的目标对于人是没有必要的……那他就只有吃啊，喝啊，睡啊，而当厌倦了这些的时候，就只有跑过去，撞死在箱子角上。

契可夫

伟大的精力只是为了伟大的目的而产生的。

斯大林

我的劳动果实是为广大劳动群众谋利益的，这对一个试验家，对每一个学者来说，乃是一生中最重要的事。

米丘林

只有向自己提出伟大的目标并以自己的全部力量为之而奋斗的人，才是幸福的人。

加里宁

没有信念的人是空虚的废物，没有原则的人是无用的小人。

列宾

理想是指路明灯，没有理想，就没有坚定的方向，而没有方向，就没有生活。

列·托尔斯泰

一切真正的职业的先决条件，不是对艺术的爱，而是对人类的爱。也许只有充满了这样的爱的人，才适合作为艺术家而做出什么有价值的事来。

列·托尔斯泰

没有理想，即没有某种美好的愿望，也就永远不会有美好的现实。

陀思妥也夫斯基

希望是生命的灵魂，心灵的灯塔，成功的向导。

歌德

信念通常和能力并驾齐驱。

约翰生

科学的真正的与合理的目的在于造福于人类生活，用新的发明和财宝丰富人类生活。

培根

尚未实现的目标，要比已经达到的渺小目的更珍贵。

歌德

……信仰是我们一切思想的先行官。否定信仰，即等于反对我们，反对我们一切创造力的精神源泉。

卓别林

我的一生的主要乐趣和唯一的职务就是科学工作。对于科学工作的热心使我忘却或者赶走我日常的不适。

达尔文

只要我们具有能改善事物的能力，我们首要职责就是利用它并训练我们的全部智慧和能力，来为我们人类至高无上的事业服务。

赫胥黎

多说话的人不是长于做事的人。

莎士比亚

有高尚思想的人永不会孤独的。

希德尼

如果能追随理想而生活，本着正直自由的精神，勇往直前的毅力，诚实不自欺的思想而行，则定能臻于至美至善的境地。

居里夫人

信念是成功的保障

我们应该赞美岩石的坚定。我们应该学习岩石的坚定。我们应该对革命有着坚强的信念。

陶铸：《革命的坚定性》，《理想·情操·精神生活》

无论在什么时候，人的力量都显得比假想的神更伟大，这是极其常见的事实。

巴金：《神》，《巴金散文选》

如果把人生比之为杠杆，信念则好像是它的“支点”，具备这个恰当的支点，才可能成为一个强而有力的人。

薄一波：《寄语青年朋友》

人，只要有一种信念，有所追求，什么艰苦都能忍受，什么环境也都能适应。

丁玲　引自1981年7月16日《文学报》

我们认为历史不是“神”的启示，而是人的启示，并且只能是人的启示。

恩格斯：《马克思恩格斯全集》

思想会有反复；信念坚定不移；事实一去就不复返。

歌德：《歌德的格言和感想集》

情况时刻在变化，原则永远不能变。

巴尔扎克　引自《外国名言一千句》

坚持你的主义，主义重于生命；

宁愿生命消失，只要声誉能够留存。

裴多菲　引自《人生箴言录》

为了迎合风向而改变自己见解的人，我们认为是糟糕的、卑鄙的、毫无信念的人。

杜勃罗留波夫

每个人都应当具有维护自己信念的勇气。

洪堡

告诉你我达到目标的奥秘吧。我唯一的力量就是我的坚持精神。

巴斯德　引自《外国名言一千句》

要从容地着手去做一件事，但一旦开始，就要坚持到底。

比阿斯　引自《外国名言一千句》

最可怕的敌人，就是没有坚强的信念。

罗曼·罗兰　引自1980年第3期《半月谈》

坚定是美德的基础。

弗·培根：《科学知识的增长》

岁寒众木改，松柏心常在。

张悦：《代书寄薛四》

我相信有情者不会爽约，

要追寻的一定能够得到。

吕剑：《等待啊，追寻啊……》

它的脸上和身上

像刀砍过的一样

但它依然站在那里

含着微笑，看着海洋……

艾青：《礁石》

我的信条是；

快乐是独一无二的大好事。

快乐的地方就在这里。

快乐的时间就是现在。

快乐的方式就是设法使别人也快乐。

引自英格索尔《文集》

金科五律像万有引力那样在起着作用。

弗·多尔：《克利夫兰演说》

子贡问曰；“有一言而可以终身行之者乎？”子曰：“其恕乎！已所不欲，勿施于人。”

引自《论语·卫灵公第十五》

宁肯孑然而自豪地独守信念，

也莫不辨是非地随波逐流。

查·丘吉尔：《夜》

有必胜信念的人才能成为战场上的胜利者。

希金森：《文学中的美国精神》

坚强的信念能赢得强者的心，并使他们变得更坚强。

白哲特：《物理学与政治学》

人有了坚定的信念才是不可战胜的。

贝蒂：《吟游诗人》

每人都有足够的余力去实现自已的信念。

歌德：《歌德的格言和感想集》

信念是储藏在自已家里的私人资本。

歌德：《歌德的格言和感想集》

只有信念使快乐真实。

蒙田　引自《人生箴言录》

信念之所以宝贵，只是因为它是现实的，而绝不是因为它是我们的。

别林斯基

只有奋斗可以给我们出路

人生在世能几时？壮士征战发如丝。

张说：《巡边在河北作二首》

策马前途须努力，莫学龙钟虚叹息。

李涉：《岳阳别张祜》

花须连夜发，莫待晚风吹。

武则天：《腊月宣诏幸上苑》

千里始足下，高山起微尘。

白居易：《座右铭》

王侯将相元无种，半属天公半属人。

郑德辉：《王粲登楼》

我们更无须迟疑，只是试练自己，自求生存，对谁也不怀恶意的干下去。

鲁迅：《忽然想到》

革命无止境，倘使世上真有什么“止于至善”，这人世间便同时变了凝固的东西了。

鲁迅：《黄花节的杂感》

无论怎么看风看水，目的只是一个：向前。

鲁迅：《门外文谈》

不必问现在要什么，只要问自己能做什么。

鲁迅：《书信》

凡事都要脚踏实地去作，不驰于空想，不鹜于虚声，而惟以求真的态度作踏实的工夫。以此态度求学，则真理可明，以此态度作事，则功业可就……

李大钊：《现代史学的研究及于人生态度的影响》

一息尚存，终当努力奋斗。

王若飞：《给铭兄的信》

想一蹴而就，希望明天什么都会好起来。这是办不到的。

高尔基：《高尔基论报刊》

要做个真诚而奋发努力的人。

歌德：《歌德的格言和感想集》

就最高目标本身来说，即使没有达到，也比那完全达到了较低的目标，要更有价值。

歌德：《歌德的格言和感想集》

这世界无非是一所探究真理的学校。问题不在于谁将最终抵达目标，而在于在奔向这一目标中谁最出色。

蒙田：《人生随笔》

我们不能等待自然的恩赐，向自然争取是我们的任务。

米丘林　引自《人生箴言录》

渡得过的——海洋，
走不尽的——路程；
我本愿意中止啊，
生命却逼着我前进！

蒋光慈：《无穷的路》

我们应当努力奋斗，有所作为。这样，我们就可以说，我们没有虚度年华，并有可能在时间的沙滩上留下我们的足迹。

引自拿破仑给他的内政部长的信

早晨醒来时，问一问自己：“我应当做什么？”晚上睡觉前，问一问自己：“我做了什么？”

毕达哥拉斯　引自《外国名言一千句》

本来无望的事，大胆尝试，往往能成功。

莎士比亚：《莎士比亚全集》

不学那懒惰的游蜂，
贪享着他人的成功。

莎士比亚：《莎士比亚全集》

……要收获果实，还得等待我们去播种。

莎士比亚：《莎士比亚全集》

每一个被束缚的奴隶都可以凭着他自己的手挣脱他的锁链。

莎士比亚：《莎士比亚全集》

一个人的经验是要在刻苦中得到的，也只有岁月的磨炼才能够使他成熟。

莎士比亚：《莎士比亚全集》

万事吉凶成败，须看后场结局；倘能如愿以偿，何患路途纡曲。

莎士比亚：《莎士比亚全集》

即使艰难，也还要做；愈艰难，就愈要做。

鲁迅　引自《鲁迅箴言集》

天下无难事，只怕有心人

我只惋惜一件事：日子太短，过得太快。一个人从来看不出做成了什么，只能看出还应该做什么……

居里夫人　引自《居里夫人传》

唯一的希望在于自强不息。

左拉　引自《人生箴言录》

仁者先难而后获，可谓仁矣。

《论语·雍也》

水激则旱兮，矢激则远。

《汉书·贾谊传》

行百里者半九十，此言末路之难也。

《战国策·秦策》

胜非其难也，持之者其难也。

《淮南子·道应训》

知一不难，难在于终。

《太平御览》

今日行一难事，明日行一难事，久则自然坚固。

(坚固：充实。)

《小学集注·吕氏童蒙训》

天下无难事，只怕有心人。

王骥德：《题红记》

事不可易成，名不可易得，福不可易享。

徐领稷：《耻言》

精神专一，奋苦数十年，神将相之，鬼将先之，人将启之，物将发之。

(相；帮助。)

郑板桥：《题画》

皇天不负苦心人。

(皇天：天。)

李宝嘉：《文明小史》

不奋苦而求速效，只落得少日浮夸，老来窘隘而忆。

郑板桥：《题画》

什么是路？就是从没路的地方践踏出来的，从只有荆棘的地方开辟出来的。

鲁迅：《生命的路》

希望是本无所谓有，无所谓无的，这正如地上的路，其实地上本没有路，走的人多了，也便成了路。

鲁迅：《故乡》

坐着而等待平安，等待前进，倘能，那自然是很好的，但可虑的是老死而所等待的却终于不至……

鲁迅：《这个与那个》

大胆地说话，勇敢地进行，忘掉了一切利害，推开了古人，将自己的真心的话发表出来。

鲁迅：《无声的中国》

我自己对于苦闷的办法，是专与袭来的苦痛捣乱，将无赖手段当作胜利，硬唱凯歌，算是乐趣……

鲁迅：《两地书》

其实我的生活，也不算辛苦。数十年来，不肯给手和眼睛闲空，是真的，但早已成了习惯，不觉得什么了。

鲁迅：《书信》

我们所遇到的困难和缺点，只是前进中的困难和缺点，这是完全可以解决和克服的。

陶铸：《胜利得来不易》

与困难作斗争，虽然要历尽艰苦，但苦尽甘来，这也是一种乐事。

徐特立：《纪念“五四”对青年的希望》

克服的困难越大，越多，胜利也就越大，越来得快。

徐特立：《纪念“五四”对青年的希望》

在创业时期中必须靠自己打出一条生路来，艰苦困难即此一条生路上必经之途径，一旦相遇，除迎头搏击外无他法，若畏缩退避，即等于自绝其前进。

邹韬奋：《能与为》

不满烦闷，只应该使我们更坚决地向前奋斗；不应该使我们逃避困难，一瞑不视。

邹韬奋：《倾诉》

艰难的环境一般是会使人沉没下去的，但是，在具有坚强意志、积极进取精神的人，却可以发挥相反的作用。环境越是困难，精神越能发奋努力。困难被克服了，就会有出色的成就。

郭沫若：《天才与勤奋》

困难只能吓倒懦夫懒汉，而胜利永远属于敢于攀登科学高峰的人！

茅以升：《忆钱塘江造桥》

沙漠里的仙人掌，海滩上的红树，戈壁上的红柳，热带的棕榈，温带的雪松，它们都十分值得称誉。在困难的环境里，它们都能够茁壮成长，欣欣向荣，显示了巨大的生命力。

秦牧：《石壁树丛之歌》

现时所受之苦难，早在预计之中，为工作过程所难免，绝不值什么伤痛也。

王若飞：《给铭兄的信》

攀登科学高峰，就像登山运动员攀登珠穆朗玛峰一样，要克服无数艰难险阻，懦夫和懒汉是不可能享受到胜利的喜悦和幸福的。

陈景润　引自1978年4月2日《北京日报》

勇猛冲锋，吉凶祸福并非天来定。

事在人为，诚至金开，自有曙光逢。

杨靖宇　引自《革命烈士诗抄》

你怕狼，就别到深林里去。

列宁：《布尔什维克能保持国家政权吗?》

每个人都知道，把语言化为行动，比把行动化为语言困难得多。

高尔基　引自《人生箴言录》

最大的困难就在于我们不去寻找困难。

歌德：《歌德的格言和感想集》

对于一个努力奋斗的人来说，困难就在于既认可同时代长者的优点，而又不让他们的缺点妨碍自己。

歌德：《歌德的格言和感想集》

要想知道怎样对待时代的错误是困难的。如果有人钻出来反对这些错误，他就会陷于孤立；若是向这些错误屈膝，那是既不会给他带来喜悦，也不会给他带来光荣的。

歌德：《歌德的格言和感想集》

编织桂冠要比找到与它相称的脑袋容易得多。

歌德　引自《外国名言一千句》

困难是我的教师，生活是我的学校。

裴多菲　引自《裴多菲评传》

不可能的字只有愚人的字典里才可以翻出。

拿破仑　引自《我的童年》

你不能奢望同时是伟大的而又是舒适的。

巴里　引自《人生厌言录》

谁若只做了一半，等于没有做。

巴比塞　引自《人生箴言录》

黎明前的时刻是最黑暗的。

迪斯累里　引自《外国名言一千句》

得到许多苦恼者，是因为有能堪许多苦恼的力量。

陀思妥耶夫斯基　引自《鲁迅全集》

困难往往就是懒惰的产物。

撒·约翰逊　引自《外国名言一千句》

功夫不负有心人

积薄成厚，积卑为高，故君子日孳孳以成辉。

(孳孳：勤奋不倦。)

《淮南予·缪称训》

苟下学之功，日进不息，久则可以上达也。

(苟：如果。)

《慎思录》

旦旦而学之，久而不怠焉，迄乎成。

(旦旦：天天。迄乎成；直到成功。)

彭端淑：《为学一首示子侄》

一切伟大的事业，或者说一切大事，都是由小事组成的。

高尔基：《高尔基论报刊》

天才是百分之一的灵感，百分之九十九的血汗。

爱迪生　引自《外国科学家史话》

我没有什么特别的才能，不过喜欢寻根刨底地追究问题罢了。

爱因斯坦　引自《爱因斯坦》

所谓天才人物指的就是具有毅力的人、勤奋的人、入迷的人和忘我的人。

木村久一：《早期教育和天才》

最大的天才尽管朝朝暮暮躺在青草地上，让微风吹来，眼望着天空，温柔的灵感也始终不光顾他。

黑格尔：《美学》

最简单的音调，需要最艰苦的练习。

泰戈尔：《泰戈尔诗选·吉檀迦利》

勤勉。不浪费时间；每时每刻做些有用的事，戒掉一切不必要的行动。

富兰克林：《富兰克林自传》

成功的花

人们只惊慕她现时的明艳！

然而当初她的芽儿

浸透了奋斗的泪泉，

洒遍了牺牲的血雨。

冰心：《繁星》

我愿平东海，身沉心不改；大海无平期，我心不绝时。

顾炎武：《精卫》

世间有一种无赖精神，那要义就是韧性。

鲁迅：《娜拉走后怎样》

……震骇一时的牺牲，不如深沉的韧性的战斗。

鲁迅：《娜拉走后怎样》

“一劳永逸”的话，有是有的，而“一劳永逸”的事却极少……

鲁迅：《再论重译》

路，很远。但不停脚，不就意味着一步步的前进么？

夏衍：《〈秋瑾〉再版代序》

成就的大小、高低，是不在我们掌握之内的，一半靠人力，一半靠天赋，但只要坚强，就不怕失败，不怕挫折，不怕打击——不管是人事上的，生活上的，技术上的，学习上的——打击。

傅雷：《傅雷家书》

像屋檐水一样，一点一滴，滴穿阶沿石。点滴的创造固不如整体的创造，但不要轻视点滴的创造而不为，呆望着大创造从天而降。

陶行知：《陶行知教育文选》

一个人是可以做到他想做的一切的，需要的只是坚韧不拔的毅力和持久不懈的努力。

高尔基：《高尔基论报刊》

只要你持久地奋力争取，充分利用有利的条件，最后，你就能够达到目的。

伊索：《伊索寓言选》

敏捷的人往往过于自信，迟钝而坚持不懈的人常常赢得胜利。

伊索：《伊索寓言选》

唯坚韧者始能遂其志。

富兰克林　引自《人生箴言录》

凡是新的事情在起头总是这样的，起初热心的人很多，而不久就冷淡下去，撒手不做了。因为他已经明白，不经过一番苦工是做不成的，而只有想做的人，才忍得过这番痛苦。

陀思妥也夫斯基　引自《托尔斯泰与陀思妥也夫斯基》

只有毅力才会使我们成功……而毅力的来源又在于毫不动摇，坚决采取为达到成功所需要的手段。

车尔尼雪夫斯基　引自《车尔尼雪夫斯基》

顽强的毅力可以克服任何障碍。

达·芬奇　引自《外国名言一千句》

没有坚强的毅力而想要取得轻易的成功，是决不能成就任何伟业的。

埃利奥特　引自《外国名言一千句》

伟大的热情能战胜一切。因此我们可以说，一个人只要强烈地坚持不懈地追求，他就能达到目的。

司汤达　引自《人生箴言录》

勤勉而顽强地钻研，永远可以使你百尺竿头更进一步。

舒曼：《舒曼论音乐与音乐家》

所有坚韧不拔的努力迟早会取得报酬的。

安格尔：《安格尔论艺术》

告诉你使我达到目标的奥秘吧。我唯一的力量就是我的坚持精神。

巴斯德　引自《人生就是奋斗》

要记住：历史上所有伟大的成就，都是由于战胜了看来是不可能的事情而取得的。

卓别林：《卓别林自传》

耐心和持久胜过激烈和狂热。

拉封丹：《寓言诗》

顽强的毅力可以征服世界上任何一座高峰。

狄更斯　引自《外国名言一千句》

改革，向来没有一帆风顺的

一切事物，虽说以独创为贵，但中国既然是世界上的一国，则受点别国的影响，即自然难免，似乎倒也无须如此娇嫩，因而脸红。

鲁迅：《〈奔流〉编校后记（三）》

谁说中国人不善于改变呢？每一新的事物进来，起初虽然排斥，但看到有些可靠，就自然会改变。不过并非将自己变得合于新事物，乃是将新事物变得合于自己而已。

鲁迅：《补白》

倘有什么新的进来，旧的便照例有一种异样的挣扎。

鲁迅：《关于〈小说〉世界》

凡能对于改革尽积极的或消极的，建设或破坏之力者，不论其为何人，不论其动机如何，不论其在意识上有着重大的缺陷，都是应该欢迎、联络的，惟这样才能得到多数人的协力。

徐懋庸：《完人》

人民不获得人的知识，人的思想，无论什么改革，无论那改革得到怎样的胜利，也将是表面的，形式的，换汤不换药的。

聂绀弩：《鲁迅——思想革命与民族革命的倡导者》

保守是舒服的产物。

高尔基　引自《外国名言一千句》

古老的、现存的和持续下来的事物跟发展、改进和革新之间的冲突从来都是相同的。

歌德：《歌德的格言和感想集》

初生的婴儿总是不美的，革新中的事物也是如此。因为革新正是时间所孕育的婴儿。

培根：《培根论人生》

不安就是不满，而不满是进步的首要条件。你指给我一个心满意足的人，我就告诉你，他是一个倒霉透顶的人。

爱迪生　引自《外国名言一千句》

保守派，这是双脚健全但不会走路的人。

罗斯福　引自《外国名言一千句》

无论如何，不革新，是生存也为难的，而况保古。

鲁迅　引自《鲁迅箴言集》

不能革新的人种，也不能保古的。

时代环境全部迁流，并且进步，而个人始终如故，毫无长进，这才谓之“落伍者”。倘若对于时代环境，怀着不满，要它更好，待较好时，又要它更好，即不当有“落伍者”之称。

鲁迅：《两地书》，《鲁迅全集》

这大约无论怎样的革命，都是如此，倘以为必得大半都是坚实正确的人们，那就是难以实现的空想，事实是只能此后渐渐正确起来的。

鲁迅：《书信》，《鲁迅全集》

……改革最快的还是火与剑

鲁迅：《两地书》，《鲁迅全集》

没有拿来的，人不能自成为新人……

鲁迅：《拿来主义》，《鲁迅全集》

由历史所指示，凡有改革，最初，总是觉悟的智识者的任务。但这些智识者，却必须有研究，能思索，有决断，而且有毅力。

鲁迅：《门外文谈》，《鲁迅全集》

奴才主义是改革、进取的障碍。

徐特立：《札记摘录》

中国人本想安于现状，不愿变，但社会变了，你的生活也不得不变，或者使你自愿脱离现状，或者逼得你不能安于现状。

鲁迅　引自《鲁迅箴言集》

人于现状，总该有点不平，反抗，改良的意思。

鲁迅　引自《鲁迅箴言集》

其实，“革命”是不稀奇的，惟有了它，社会才会改革，人类才会进步，能从原始到人类，从野蛮到文明，就因为没有一刻不在革命。

鲁迅　引自《鲁迅箴言集》

凡有良心，有觉悟的人，到一个时候，仍然知道老调子不该再唱，将它抛弃。

鲁迅　引自《鲁迅箴言集》

“古道”怎么能再行于今之世呢？竟还有人主张读经，不知是什么意思？

鲁迅　引自《鲁迅箴言集》

保存旧文化，是要中国人永远做侍奉主子的材料，苦下去，苦下去。

鲁迅　引自《鲁迅箴言集》

在一个进步的国度里，变革是必然的，也是经常的。

引自本·迪斯累里1867年10月20日的演说

美好的事物只能从斗争中获得

血债必须用同物偿还。拖欠得愈久，就要付更大的利息。

鲁迅　引自《鲁迅箴言集》

最可怕的确是口是心非的所谓“战友”，因为防不胜防。

鲁迅：《书信》

横眉冷对千夫指，俯首甘为孺子牛。

鲁迅：《自嘲》

心事浩茫连广宇，于无声处听惊雷。

鲁迅：《无题》

凡有狐狸，尾巴终必露出……

鲁迅：《书信》

回忆先前的经历，觉得现在的社会，大抵是可利用时则竭力利用，可打击时则竭力打击，只要于他有利。

鲁迅：《两地书》

蒙蔽是不能长久的，接着起来的又将是一场血腥的战斗。

鲁迅：《中国文坛上的鬼魁》

捣鬼有术，也有效，然而有限，所以以此成大事者，古来无有。

鲁迅：《捣鬼心传》

听说刚勇的拳师，决不再打那日绎倒地的敌手，这实足使我们奉为楷模。但我以为尚须附加一事，即敌手也须是刚勇的斗士，一败之后，或自愧自悔而不再来，或尚须堂皇地来相报复，那当然都无不可。

鲁迅：《论“费厄泼赖”应该缓行》

倘是咬人之狗，我觉得都在可打之列，无论它在岸上或在水中。

鲁迅：《论“费厄泼赖”应该缓行》

昂着头出征，夹着尾巴回家，是席驽而又好战的人的常态。

冯雪峰：《三个猎能者》

新生事物在条件尚未成熟的时候露了头，遭到旧势力的压制而灭亡，是悲剧。但是，生命力已经告竭或者并无新生力量的事物，在死亡以前所作的最后一次的挣扎，也是悲剧。

徐懋庸：《续论悲剧》

如果蜜蜂光会酿蜜而不具备战斗本领的话，蜜蜂的命运恐怕就相当糟糕了。

秦牧：《花蜜和蜂刺》

蜂刺和蜂蜜，实际上都同样值得赞美。

秦牧：《花蜜和蜂刺》

蜜蜂，使我想起既能辛勤劳动，必要时又能挺身战斗的人，这样的人既善良，又英勇。他们不是喝血者，不是寄生虫，不是强盗，也不是懦夫；他们是真正的人，大写的人。

秦牧：《花蜜和蜂刺》

陈旧的东西总是力图在新生的形式中得到恢复和巩固。

马克思：《马克思恩格斯选集》

旧的东西和新的东西之间的斗争，衰亡着的东西和生长着的东西之间的斗争，——这就是我们的发展的基础。

斯大林：《斯大林全集》

在我们所呼吸的空气中，有着不少有毒的杂质。这是很有害的，必须和它斗争，一刻也“不要停手”，

高尔基：《高尔基政论杂文集》

一切真正美好的东西都是从斗争和牺牲中获得的，而美好的将来也要以同样的方法来获取；

车尔尼雪夫斯基　引自《人生箴言录》

真正的胜利所起的作用在于斗争，而不是平安无事地坐享其成；英勇的光荣之处在于奋战而非得胜。

蒙田：《人生随笔》

我爱生活，为了它的美好，我参加了斗争。

伏契克　引自《名人名言录》

被浑蛋所称赞，不如战死在他手里。

契诃夫：《随笔》

一代要比一代更进步，一代要比一代给社会留下的遗产更多一些。

徐特立：《论幸福》

我们应该给我们的孩子创造一个更好的世界，一个更美的将来。为着年轻的一代我们应当贡献我们的精力和生命。

巴金：《给西方作家的公开信》

在我们的生活道路上，也靠许许多多人生命的光辉的照耀，才能够行进。因此，自己总得有一分热，发一分光，就像是大街上万千华灯中的一盏那样，即使只能在角落里吐点小小的光芒，也是好的。

秦牧：《后记》

创新是事物发展的必要前提

看一个人是否富于创造力，不能只凭他的作品或事业的数量。

歌德：《歌德谈话录》

伟大人物是世界精神的代理人，他们不是从自己出发，而是从历史的必然性的要求出发去创造历史的。

黑格尔　引自《人生箴言录》

个人的价值就在于他代表民族精神，参与创造。

黑格尔　引自《人生箴言录》

我宁愿靠自己的力量，打开我的前途，而不愿求有力者的垂青。

雨果　引自《人生箴言录》

一个普通人只能作出规规矩矩的东西，只有非凡的天才才能驾驭创作。

雨果　引自《人生箴言录》

独创性不是为天才可有可无的东西，而是天才必要的属性，是区别天才和单纯的才能或才赋的界线。

别林斯基：《别林斯基论文学》

惟有创造才是欢乐。

罗曼·罗兰　引自《人生箴言录》

原始自然力在低级有机体中的斗争还没有和缓之前，自然不会高尚地去创造物质的人。

席勒：《审美教育书简》

有了旧的灭亡，才有新的发生。旧的思想灭亡，即是新的思想萌芽了，精神上有了进步了。

鲁迅：《在广州中山大学欢迎会上的讲词》

要继承才能创造发展，继承是创造发展的基础。最能创造发展的人，也是最会继承的人。

徐特立：《札记摘录》

熟是经验，巧是创造。

徐特立：《札记摘录》

创新，是一切艺术发展的必要前提。创新又不是脱离传统。要懂得历史，才能与古为新。

刘海粟：《宏约深美》

如果人们要等待建立起定律的材料纯粹化起来，那末这就是在此以前要把运用思维的研究停顿下来，而定律也就因此永远不会出现。

恩格斯：《自然辩证法》

我们应当缜密地研究新的幼芽。极仔细地对待它们，尽力帮助它们成长，并“照管”这些嫩弱的幼芽。

列宁：《列宁选集》

在辩证方法看来，只有正在产生、正在发展的东西，才是不可战胜的。

斯大林：《宁主义问题》

长达一刻钟之久的彩虹就不再有人看它了。

歌德：《歌德的格言和感想集》

每当一种新事物出现的时候，人们总是要问；它有什么用处？人们这样做是没有错的。因为人们只有通过每一事物的用处才能发现它的价值。

歌德：《歌德的格言和感想集》

聪明的年轻人以为，如果承认已经被别人承认过的真理，就会使自己丧失独特性，这是最大的错误。

歌德　引自《外国名言一千句》

我们老年人是过来人，如果你们青年人愿意重蹈我们老年人的覆辙，我们的尝试和错误还有什么用处呢？

歌德　引自《人生箴言录》

一切事物诞生伊始都虚弱脆嫩，所以我们应关注萌芽状态的事物……

蒙田：《人生随笔》

蜜蜂到处采花，但它们后来把它酿成蜜，这就完全是他们自己的东西了，再也不是百里香草和唇形香草了。

蒙田：《人生随笔》

如果说我比别人看得远些，那只是因为我站在别人的肩膀上。

牛顿　引自《外国名言一千句》

能创造发明的和在自然与人类之间作翻译的人，比起那些只会背诵旁人的书本而大肆吹嘘的人，就如同一件对着镜子的东西比起它在镜子里所生的印象，一个本身是一件实在的东西，而另一个只是空幻的。

达·芬奇：《笔记》

我没有什么特殊的才能，不过喜欢寻根刨底地追究问题罢了。

爱因斯坦　引自《人生箴言录》

没有大胆的猜测就作不出伟大的发现。

牛顿　引自《人生箴言录》

我不敢妄图与我们当代最伟大的诗人们比高下。可是我也不愿追随任何前人的足迹。凡是他人独创性的语言风格或诗歌手法，我一概避免摹仿，因为我认为，我自己的作品纵使一文不值，毕竟是我自己的作品。

雪莱：《〈伊斯兰的起义〉序言》

要记住，人们在跨学科的领域常常会有新的发现，那里有许多未被探索的事物，必须给以特殊的重视。

苏霍姆林斯基：《给儿子的信》

激励，这几乎就是创造；是的，我们虽然不能超过这些天才，但却可以和他们并驾齐驱。

怎样才能做到这点呢？

那就是要和他们不一样。

雨果：《雨果论文学》

对于一个艺术家来说，如果能够打破常规，完全自由进行创作，其成绩往往会是惊人的。

卓别林：《卓别林自传》

沿着别人的脚迹行进并不困难，为自己开拓道路要困难得多，但也光荣得多。

科拉斯　引自《外名言一千句》

天才出于勤奋

精神的浩瀚、想象的活跃、心灵的勤奋：就是天才。

狄德罗　引自《古典文艺理论译丛》

天才只可体会，但绝不能摹仿。

狄德罗　引自《人生箴言录》

敏感从来不是伟大天才的优良品质，伟大天才所喜爱的是准确。

狄德罗　引自《人生箴言录》

天才是和模仿的精神完全相对立的。

康德　引自《人生箴言录》

即使你很成功地模仿了一个有天才的人，你也缺乏他的独创精神，那就是他的天才。

雨果　引自《人生箴言录》

整齐是平庸者的趣味，秩序是天才的趣味。

雨果　引自《人生箴言录》

天才就是无止境刻苦勤奋的能力。

卡莱尔　引自《人生箴言录》

你知道天才是什么意思？那就是勇敢、自由的头脑，广阔的气魄

契诃夫　引自《人生箴言录》

天才就是把注意力集中在所研究的那门学科上的最高能力。

巴甫洛夫　引自《外国名言一千句》

天才，就是百分之二的灵感加上百分之九十八的汗水。

爱迪生　引自《外国名言一千句》

有些人以为我所以在许多事情上有成就，是因为我有什么“天才”，这是不正确的，无论哪个头脑清楚的人都能像我一样有成就，如果他拼命钻研。

爱迪生　引自《人生箴言录》

天才就是这样，终生奋斗，便成天才。

门捷列夫　引自《人生箴言录》

无论天资有多么高，他仍需学会了技巧来发挥那些天资。

卓别林：《卓别林自传》

谁过早地认为自己是天才，谁就是不可救药的人。

利希顿堡　引自《外国名言一千句》

人们在那里高谈阔论着天才和灵感之类的东西，而我却像首饰匠打金锁链那样精心地劳动着，把一个个小环非常合适地联结起来。

海涅　引自《外国名言一千句》

思想和感受是天才中的两大类型：一类是有思想的人，一类是有想象力的人。

迪斯雷利：《天才的文学特征》

耐性是天才必不可少的素质之一。

迪斯累里：《康塔里尼·弗莱明》

天才就是耐性。

比丰　引自史蒂文斯《史达尔夫人的时代与生平研究》

天才只有依靠科学，才能取得最高的成就。

赫·斯宾塞：《教育论》

天才不经教育，就好比银矿没有得到开采。

富兰克林：《格言历书》

天才没有国度。

查·丘吉尔

在天才的激情中，哲学变成诗篇，科学变成想象。

迪斯雷利：《天才的文学特征》

天才唯有在自由的环境里才能自在地呼吸。

穆勒：《论自由》

在平庸的国度里，天才就意味着危险。

英格索尔：《文学自由》

天才不会毁于他人，只会毁于自己。

塞·约翰逊　引自博斯威尔《约翰逊传》

如果没有周围人的鼓舞，天才也会感到孤独。

希金森：《大西洋随笔集·呼吁文明》

热爱真理是对天才的唯一要求。

歌德：《散文语录》

天才的灯火会比生命的灯火更快地燃尽。

席勒：《斐爱斯柯》

怪癖未必是天才的标志。甚至连艺术家也应知道，创造性除了做别人未做过的事情以外，还包括“做得比别人更好”。

斯特德曼：《维多利亚时代的诗人》

凡是伟大的天才都带有疯狂的特征。

亚里士多德　引自塞内加《论心灵的安宁》

天才的心灵可能是疯狂的，但真正的天才的头脑却永远像透过松林的空隙所望见的蓝天那样清晰。

乔·琼·内森：《判断力》

天才在社会生活中往往显得迟钝而又具有惰性，正如耀眼的流星陨落后只不过是块石头一样。

朗费罗：《卡瓦那》

天才是难以驾驭的，天才的脉管里流淌着汹涌澎湃的血液，以至于桀骜难驯。

奥·霍姆斯：《早餐桌上的教授》

天才不是别的，而是辛劳和勤奋。

威·霍格思

天才是勤奋造就的。

西塞罗：《考利奥族》

如果没有勤奋，没有机遇，没有热情的提携者，人就是再有天才，也只能默默无闻。

小普林尼：《书信录》

伟大天才的传记最短，就连他们的亲属也说不出多少细节。天才终日埋头于笔耕，以至于他们的家庭和社会生活竟因此而显得微不足道和平凡。

爱默生：《代表人物·柏拉图》

改良可以产生笔直的路，但天才要走的却是一条曲折的、未经改良的路。

威·布莱克：《地狱里的谚语》

天才就是创造前无古人的业绩——第一个做正确事情的才能。

埃·哈伯德：《一千零一句警言》

逆境使天才脱颖而出，顺境会埋没天才。

贺拉斯：《讽刺诗集》

厄运往往能使天才奋发。

奥维德：《爱的艺术》

好运难得屈尊去和天才做伴。

迪斯累里：《文学之珍品·学者的贫困》

假如你有天赋，勤奋会使它变得更有价值，假如你没有天赋，勤奋可以弥补它的不足。

乔·雷诺兹：《语录》

人驾驭才能，天赋驾驭人。

詹·拉·洛威尔：《我书中的人物·卢梭与伤感主义者》

必须让有天才的人独立，而人类应当深刻地掌握一条真理，即人类要使有天才的人成为火炬，而不要让他们忙于私人利益，因为这种利益会降低他们的人格，使他们放弃真正的使命。

一个日内瓦居民给当代人的信

人的天赋就像火花，它既可以熄灭，也可以燃烧起来。而逼使它燃烧成熊熊大火的方法只有一个，就是劳动，再劳动。

高尔基

人才进行工作，而天才进行创造。

舒曼

如果是玫瑰，它总会开花的。

歌德

天才最伟大的贡献即是把一件寻常的事用精彩的妙笔写下来。

歌德

天才也不能长生不死，这是凡夫最大的安慰。

歌德

天才所要求的最先和最后的东西都是对真理的热爱。

歌德

我们全部要从前辈和同辈学习到一些东西，就连最大的天才，如果单凭他所特有的内在自我去对付一切，他也绝不会有多大成就。

歌德

天才的最基本的特性之一——是独创性或独立性，其次是它具有的思想与理想的普遍性和深度，最后是这思想与理想对当代历史的影响，天才永远以其创造开拓新的、未之前闻，或无人逆料到的现实世界。

别林斯基

天才的主要标记不是完美而是创造，天才能开创新的局面。

亚瑟·柯斯勒

任何天才看世界的角度，都与同僚们截然不同。

狄更斯

有创意的天才，就有探寻的天才，有著书的天才，就有阅读的天才。

瓦雷利

饥饿总是伴随着天才。

马克·吐温：《傻瓜威尔逊的新日历》

轻易地完成别人难以完成的工作是才能；完成有才能的人力所不及的工作是天才。

阿米尔：《日记》

才能存在于悟性之中，它常常可以由遗传获得，天才把理性和想象力变成行动，很少以至根本没有遗传的可能。

塞·泰·柯尔律治：《席间闲谈》

出于礼貌，我们把小聪明称为天才。才能可以转变为金钱；但今天还在闪烁的才能，明天却有可能成为饭囊和睡袋。

爱默生：《论文集第一辑·论谨慎》

才能和天才的差别就如同泥瓦匠和雕塑家的差别。

英格索尔：《莎士比亚》

开创伟大事业的是天才，完成伟大事业的是辛劳。

茹贝尔：《名言集》

天赋在某种意义上说就是金子——许多人不停地发表文章探讨这两种东西，然而他们既无金子，又无天赋。

查·科尔顿：《莱肯》

才华犹如天赋，在多数情况下，我认为它们仅仅是一种永远自找苦吃的能力。

简·埃·霍普金斯：《在工人们中间工作》

智慧是智者的财富

……傻瓜们自恃聪明，免不了被聪明误了前程。

莎士比亚：《莎士比亚全集》

简洁是智慧的灵魂，冗长是肤浅的藻饰……

莎士比亚：《莎士比亚全集》

人类是控制陆地和海洋的主人，天赋的智慧胜过一切走兽飞禽。

莎士比亚：《莎士比亚全集》

智慧越是遮掩，越是明亮，正像你的美貌因为蒙上黑纱而十倍动人。

莎士比亚：《莎士比亚全集》

只有愚人才会拒绝智慧的良言。

莎士比亚：《莎士比亚全集》

凡是日月所照临的所在，在一个智慧的人看来都是安身的乐土。

莎士比亚：《莎士比亚全集》

有勇无谋，结果一定失败。

莎士比亚：《莎士比亚全集》

……智慧出于急难，巧计生于临危。

莎士比亚：《莎士比亚全集》

我们把狡诈称作是阴险的或畸形的智慧。

弗·培根：《随笔集·论诡诈》

要把智慧作为你整个人生旅途中的必备品，因为它比任何其他财产都靠得住。

贝阿斯　引自第欧根尼《贝阿斯传》

独有智慧才是人们真正的鸿鹄之志，
智慧是德行之本，名声之源，
获自于劳动，服务于人类；
谁最有智慧，谁就享有最大的幸福。

威·怀特黑德：《论高贵》

愿你兼有同你美貌一样的才智，
宛如戒指嵌上了一颗红宝石。

乔变：《特罗伊拉斯和克莱西德》

智慧的价值胜过珍珠。

引自《旧约全书·约伯记》

智慧比珍珠更美。

引自《旧约全书·箴言》

智慧之于灵魂犹如健康之于身体。

拉罗什富科：《已废的格言集》

智慧之于科学犹如死亡于生命；要么也可以这样说，智慧之于死亡犹如科学之于生命。

乌纳穆诺：《随笔与独白》

智慧是人类灵魂的美德，哲学是智慧的情人，是为得到它而付出的努力。

塞内加：《致鲁西流书信集》

智慧为首。所以要得智慧。在你一切所得之内，必得聪明。

引自《旧约全书·箴言》

高官厚禄许会从天而降；金银财富许会不求自来，可是智慧非得我们自已去追求不可。

爱·扬格：《夜思》

智慧呀，你是多么伟大I每次接近你我都变得更加聪明。

忒壬斯：《阉奴》

惟独智慧能保全智慧人的生命。

引自《旧约全书·传道书》

智慧不过是用来排忧解难的一名动作迟缓的卫士，然而它终归是一名可靠的卫士。

哥尔斯密：《威克菲牧师传》

那些有真理和智慧领路的人，

能从野草中采出蜜来。

威·柯珀：《菠萝和蜜蜂》

人多智广。

约·海伍德：《谚语集》

常言道，人多智慧也多。

伊丽莎白一世：《基督之魂的神圣反省》

一个人的智慧取决于他所处的时代，同样，一个人的愚蠢也取决于—他所处的时代。

梭洛：《日记》

摆脱愚蠢是智慧的开始。

贺拉斯：《书札》

聪明和愚蠢在向智慧航行时，常常是同舟共济的一对难友。

斯彭德：《巴格肖荒野随笔》

幸福与智慧有这样的区别：认为自己最幸福的人，实际上就是最幸福，而认为自己最聪明的人，则往往最愚蠢。

查·卡尔顿：《莱肯》

认识自己的无知是通往智慧之殿的门坎。

查·斯珀吉翁：《拾遗集·第一课》

听智慧人的责备，强如听愚昧人的歌唱。

引自《旧约全书·传道书》

最聪明的人有时办起事来是很愚蠢的，最愚蠢的人有时却是很聪明的。

切斯特菲尔德：《书信录》

正像瘟疫一般，智慧的外表和愚鲁的神情都是会互相传染的，所以人们必须留心他们的伴侣。

莎士比亚：《亨利四世下篇》

我便看出智慧胜过愚昧，如同光明胜过黑暗。智慧人的眼目光明，愚昧人在黑暗里行。

引自《旧约全书·传道书》

只有愚人才会拒绝智慧的良言。

莎士比亚：《泰尔亲王配力克里斯》

聪明的人会造出比发现的机会更多的机会

聚古今之议论，以生我之议论，取天下之聪明，以生我之聪明。

方中通：《陪集》

一切狡猾的人，不照科学态度办事的人，自以为得计，自以为很聪明，其实都是最蠢的，都是没有好结果的。

毛泽东：《整顿党的作风》

中国人的聪明是决不在白种人之下的。

鲁迅　引自《鲁迅箴言集》

行为往往胜于雄辩，愚人的眼睛是比他们的耳朵聪明得多的。

莎士比亚：《莎士比亚全集》

与其做愚蠢的智人，不如做聪明的愚人。

莎士比亚：《莎士比亚全集》

我们往往因为有所自恃而失之于大意，反不如缺陷却能对我们有益。

莎士比亚：《莎士比亚全集》

聪明人不是不犯错误的人。不犯错误的人是没有而且也不可能有的。聪明人是不犯重大错误同时又能容易而迅速地纠正错误的人。

列宁　引自《外国名言一千句》

不是所有的人都因为懒惰而愚蠢，人家也会聪明的，只不过没有时间。

高尔基：《高尔基论报刊》

聪明的人就是最好的百科全书。

歌德：《歌德的格言和感想集》

如果一个聪明人干了一件蠢事，那就不会是一“件小小的蠢事。

歌德：《歌德的格言和感想集》

一个聪明人发现差不多每样事物都是可笑的，而一个老于世故的人发现几乎没有什么事物是可笑的。

歌德：《歌德的格言和感想集》

进行统治的不是聪明的人，而是聪明本身；不是干练的人，而是干练本身。

歌德：《歌德的格言和感想集》

聪明人的特点有三：一是劝别人做的事自己去做，二是决不去做违背自然界的事，三是容忍周围人们的弱点。

列·托尔斯泰　引自《外国名言一千句》

在一切日常琐事上，聪明不在于知道应该做什么，而在于知道应该先做什么，后做汁么。

列·托尔斯泰　引自《外国名言一千句》

聪明才智不在于知识渊博。我们不可能什么都知道。聪明才智不在于尽量地多知道，而在于知道最必要的东西，知道哪些东西不甚需要，哪些东西根本不需要。

列·托尔斯泰　引自《外国名言一千句》

荣誉和财富，若没有聪明才智，是很不牢靠的财产。

德谟克利特　引自《西方伦理学名著选辑》

聪明人并不一味追求快乐，而是竭力避免不愉快。

亚里士多德　引自《外国名言一千句》

灵感是一个不喜欢拜访懒汉的客人。

车尔尼雪夫斯基　引自《外国名言一千句》

所谓灵感，不过是顽强地劳动而获得的奖赏。

列宾　引自《外国名言一千句》

聪明人有时也很匆忙，但是决不仓促从事。

切斯特费尔　引自《外国名言一千句》

聪明的资质、内在的干劲、勤奋的工作态度和坚韧不拔的精神，这些都是科学研究成功所需的其他条件。

贝弗里奇　引自《科学研究之艺术》

聪明人看到别人的毛病，就把自己的毛病改过来了。

普卜利西尔　引自《外国名言一千句》

任何人不可能每分钟都是明智的。

小普林尼　引自《外国名言一千句》

聪明睿智的特点就在于，只需看到和听到一点就能长久地考虑和更多地理解。

布鲁诺　引自《外国名言一千句》

做一个真正的傻瓜是要有头脑的。

乔·麦克唐纳：《衡量方知不足》

愚夫给他人以忠告，而自己却毫无防备。

菲得洛斯：《寓言集》

傻瓜的愚蠢往往是聪明人的砺石。

莎士比亚：《皆大欢喜》

傻瓜很像那些虽然贫困但却认为自己富裕的人们。

沃夫纳格：《随感录》

蠢人总是一下于把箭射完。

引自《阿尔弗雷德谚语集》

蠢人易于智穷力竭。

无名氏：《加入朝圣善女的行列》

愚蠢的人总是肯定一切，而肯定一切的人总是傻瓜。

门肯：《偏见集》

学而不慧的人是个可敬的傻瓜。

查·丘吉尔

愚人有时也会提出有益的忠告。

格利乌斯：《雅典之夜》

愚人的箭有时也能中的。

托·富勒：《箴言集》

讥笑傻瓜，自己也难免成为傻瓜。

托·富勒：《神圣》

嘲弄一个为人所不齿的傻瓜，犹如讥笑一只死苍蝇，是不应该的。

哈利法克斯：《文集》

一个人可以因为丧失理智而成为傻瓜，也可以因为缺乏情感而成为笨蛋。

安·詹姆森：《超然的思想》

一个人有点傻气还是必要的，这并不意味着这个人就是傻瓜。

蒙田：《随笔集》

再崇高的灵魂也难免混杂有愚蠢的成分。

亚里士多德　引自蒙田《随笔集》

人人都有糊涂的时候。

乔·赫伯特：《外国谚语名句选》

智者从愚者那里得到的好处要比愚者从智者那里得到的

多。因为，智者能引愚者的过错为戒，而愚者却仿效不了智者的成功之道。

加图　引自普卢塔克《希腊罗马名人比较列传·加图》

智者善于从他人的错误中汲取教训，而愚者却难以汲取自身的教训。

富兰克林：《格言历书》

傻瓜对自己家的了解胜过聪明人对别人家的了解。

塞万提斯：《堂·吉诃德》

愚者也常常给智者以启迪。

乔叟：《特罗伊拉斯和克莱西德》

任何傻瓜都能驾船航行，惟有聪明人才知道如何走捷径。

康拉德：《致电图西塔拉》

聪明人总是相互嫉妒，傻瓜之间才相安无事。

威·康格里夫：《如此世道》

耍小聪明的人是十足的傻瓜。

堂恩：《三倍的傻瓜》

谁都不能像愚弄傻瓜那样愚弄智者。

约翰·雷：《英国谚语大全·苏格兰谚语》

装傻装得好也是要靠才情的。

莎士比亚：《第十二夜》

智者聪明过度，就会被人当成傻瓜。

爱默生：《论文集第二辑·经验》

智者从敌人那里汲取的长处要比愚者从友人那里汲取的长处多。

富兰克林：《格言历书》

在诞生和死亡这两条起止线上，蠢人和聪明人都是一样的，所不同的就是他们的人生历程不一样。

托·富勒：《神圣与鄙俗·谈天生的傻瓜》

愚者与智者都是无害的，只有半智半愚的人才最可怕。

歌德：《散文语录》

蠢人相互争斗，智者团结一致。

乔·赫伯特：《外国谚语名句选》

勇于做一个傻瓜，是一个人向智慧迈出的第一步。

哈尼克：《远方的悲哀》

一个人要想在这个世界上取得成功，就必须具有愚人之表，智者之心。

孟德斯鸠：《箴言集》

自作聪明的人实际上最愚蠢。

玛·沃蒙塔古：《致布特女士的信》

呵，上帝！谁自以为聪明，谁就是个大傻瓜。

伏尔泰：《领主权力》

智者以探索自然为幸福，

愚人以蒙昧无知而自得。

蒲柏：《人论》

智者一日胜过愚人一生。

波塞多尼奥斯：《规劝》

那些想在愚人中间充作智者的人们，在智者中间却是愚人。

昆体良：《演说术原理》

一个傻瓜一小时提出的问题，聪明人七年也回答不完。

约翰·雷：《英国谚语大全》

考试总是令人生畏的，甚至对那些准备最充分的人也不例外；因为，一个大傻瓜会提出连聪明人都解答不了的问题。

查·科尔顿：《莱肯·沉思录》

几个聪明人胜过一大群傻瓜。

罗斯金：《野橄榄花冠·战争》

愚蠢的人面临着危险的追逐，聪明的人却抵御着各种进攻。

塞内加：《致鲁西流书信集》

傻子自以为聪明，但聪明人知道他自己是个傻瓜。

莎士比亚：《皆大欢喜》

二十个智者加起来很容易变成一个傻瓜。

斯彭德：《巴格肖荒野随笔》

智者在考虑什么，愚者是猜不到的。

史文朋：《玛丽·斯图尔特》

假如你从未做过傻瓜，那么你也一定不会成为智者。

萨克雷：《鳏夫弗尔》

傻瓜好动，聪明人好坐。

约翰·雷：《英国谚语大全·苏格兰谚语》

无知的悲剧在于自满

无知是一张白纸，在上面可写出壮丽的诗篇；错误是一张被乱写乱画过的纸，要写字还得先把它擦干净。

查·科尔顿：《莱肯》

假如贫困是罪恶之母，那么无知便是罪恶之父。

拉布吕耶尔：《品格论》

无知不是无辜，而是有罪。

罗·勃朗宁：《客栈文选》

无知的真正特点是：

虚荣，骄矜和傲慢。

塞·巴特勒：《杂感》

无知是钦佩之母。

乔·查普曼：《寡妇的眼泪》

无礼是无知的私生于。

塞·巴特勒：《遗稿》

世界上有两件事——爱情和咳嗽——瞒不住人，但我认为除此之外还有件事也瞒不住人，这就是无知。当一个人不得不有所事事而不是摇头示意时，他的无知就会暴露无遗。

乔·爱略特：《罗慕拉》

头脑无知，行为必然荒唐。

弗劳德：《大事小议·党派政治》

无知的悲剧在于自满。

罗·套伦

无知和自负是联袂同行的密友。

引自《塔木德》

无知是一种自讨的灾祸。

无氏名：《波利条菲亚》

学习与法律的最大敌人莫过于无知。

罗·格林：《文集》

在无知的人们当中，一切事情都是因为有险才乐趣倍增。

塞内加：《论恩泽》

俗话说得好：“喊得越响，肚里越空。”

莎士比亚：《亨利五世》

空器皿发出的声响最大。

朱厄尔：《为英国教会辩护》

什么都不懂的人什么也不会怀疑。

乔·赫伯特：《外国谚语名句选》

一无所知者听信一切。

查·斯珀吉翁：《耕者约翰》

宁可不出生，也不做无知的人。

约·海伍德：《谚语集》

一个什么也不知道的人，他的生活是最甜蜜的。

索福克勒斯：《阿雅克斯》

不知道自己的无知是无知者的通病。

阿·阿尔科特：《席间闲谈·演说》

再也没有比轻率更像无知的了。

奥·王尔德：《温德梅尔夫人的扇子》

男儿立身须自强

男儿立身须自强。

李颀

自暴者，不可与有言也；自弃者，不可与有为也。

孟子

昂昂独负青云志，下看金玉不如泥。

李渤

穷且益坚，不坠青云之志。

王勃

学者，不患才之不赡，而患志之不立。

徐干

自立自重，不可跟人脚迹，学人言语。

陆九渊

我有一言应记取，文章得失不由天。

鲁迅

命运，不过是失败者无聊的自慰，懦怯者的解嘲，人们的前途只能靠自己的意志、自己的努力来决定。

茅盾

自觉心是进步之母，自贱心是堕落之源，故自觉心不可无，自贱定不可有。

邹韬奋

自信心就是要自己看得起自己，要自尊。卑己而尊人是不好的，尊己而卑人也是不好的。

徐特立

任何人都应该有自尊心、自信心、独立性，不然就是奴才。但自尊不是轻人，自信不是自满，独立不是孤立。

徐特立

“骄傲”两个字我有点怀疑。凡是有点干劲的，有点能力的，他总是相信自己，是有点主见的人。越有主见的人，越有自信。这个并不坏。真是有点骄傲，如果放到适当岗位，他自己就会谦虚起来的，要不然他就混不下去。

邓小平

在情感上培养“信心”或叫自信也是很重要的。一个人有自信心，才会去学，才能学好。如果认为自己太笨，什么都不行，那他怎么也学不好。

刘佛年

八十年代的趋势转向了自我发展和成就。也就是说，人们在攀登事业之塔的过程中，比以往更依靠自信来取胜，相信自己完全有能力通过努力实现目的。

龚康年

不管有没有人发现、承认、推举，你都不要怀疑自己的存在和自己劳动价值的存在。

《人才研究》

从来就没有什么救世主，什么上帝、圣皇和清官；劳动者全靠自己救自己。

欧仁·鲍狄埃

人多不足以依较，要生存只有靠自己。

拿破仑

人人都有可惊人的潜力，要相信你自己的力量与青春。要不断的告诉自己；“万事全赖在我”。

纪德

我宁愿靠自己的力量，打开我的前途，而不愿求有力者垂青。

雨果

我们除了由自己掌握命运之星外，别无他法。

梅特林克

人类是被人类自己的想象所控制。

拿破仑

我要扼住命运的咽喉，绝不让命运所压倒。

贝多芬

不要听信那些向你说成败在天而不可强求一类的胡说。

莎士比亚

宿命论是那些缺乏意志力的弱者的借口。

罗曼·罗兰

对于命运的变化无常，我们慨叹得太多了。发不了财的，升不了官的，都要埋怨命运不好。然而，仔细想想吧！过失还在于你自己。

克雷洛夫

一个人的幸运的造成主要还是在他自己手里。所以诗人说，“人人都可以成为自己的幸运的建筑师，”

培根

自己是自己命运的创造者。

谢德林

人都认为，自己的一生要自己来引导，但在心灵深处，却任凭命运去摆布。

歌德

……我却要和我的命运挑战。

贝多芬

一个人既然梦想艺术，又觉得非有别人扶持不可，这个人的作品命定是平凡的假如你要交出真正的货色，就不得不自己努力。振作起来！拿出自己的力量！靠你自己！不要抱怨。

杰克·伦敦

你们应该培养对自己，对自己的力量的信心，而这种信心是靠克服障碍、培养意志和“锻炼”意志而获得的。

高尔基

我劝告所有的人都要想到自己的翅膀，要向上高飞。……有时看来完全缺乏意志力、一事无成的小人物，可是一旦时机来到，他突然建树了伟大的功绩。这就是他的翅膀的作用，翅膀的力量。

托尔斯泰

人生真正的欢乐是意识到你自己是一个能人，能有所作为，而不是一个渺小的、自私自利的小人物

肖伯纳

知道你自己，尊重你自己。……不要让伟大的范例或权威吓坏了你的理智，弄得对自己一无信心，要尊重你自己，宁可要自己头脑里的土产品，而不要最华贵的舶来品，这类借来的财富使我们贫困。

扬格

我们应该有恒心，尤其是要有信心。必须相信自己是有能力的，而且要不惜任何代价把这种能力发挥出来。

博宾斯卡

任何一个人都会由他的主宰“指引着走向成功”，任何一个人都有大于自身的力量，这就是“你自己”。

马尔兹

首先对自己的创造能力抱有信心，这是开发创造力的第一步。

桑名一央

要冷静地考虑自己的才能，选择适合本性的工作。

松下幸之助

只有满怀自信的人，才能在任何地方都怀有自信沉浸在生活中，并实现自己的意志。

高尔基

做本色人，干近情事

君子坦荡荡，小人长戚戚。

(坦荡荡：宽广的样子。长戚戚；多忧。)

《论语·述而》

仰不愧于天，俯不作于人。

《孟子·尽心上》

大丈夫行事当磊磊落落，如日月皎然。

《晋书·石勒载记》

独立不惭影，独寝不愧衾。

（南朝·齐）刘昼：《新论·慎独》

平生所为，未尝有不可对人言昔。

《宋史·司马光传》

明人不做暗事。

无名氏：《张天师断风花雪夜》

浩气还太虚，丹心照千古。

杨继盛：《就义》

做本色人，说根心话，干近情事。

吕坤：《呻吟语·补遗》

老不足叹，可叹是老而虚生；死不足悲，可悲是死而无补。

吕坤：《呻吟语·力行》

身要严重，意要安定。

吕坤：《呻吟语·补遗》

立身忌草草。

(草草：不严肃。)

彭宁求：《拟古诗》

大丈夫以正大为先，以光明行事，终不为邪暗小人所惑而易其所守。

(邪暗：邪恶。惑：欺骗。易：改变。守，志向，操守。)

《薛文清公从政录》

咬定青山不放松，立根原在破岩中；千磨万击还坚劲，任你东南西北风。

郑板桥：《竹石》

人之所恶，惟孤、寡、不谷。而王公以为称。故，物或损之而益；或益之而损。人之所教，我亦教之：“强梁者不得其死”，吾将以为教父。

任继愈：《老子新译》

老者安之，朋友信之，少者怀之。

孔子 引自《论语译注》

天下有道，以道殉身；天下无道，以身殉道；未闻以道殉乎人者也。

孟子 引自《孟子译注》

岁不寒，无以知松柏：事不难一，无以知君子无日不在是。

荀子 引自《荀子新注》

在上位不陵下，在下位不援上，正己而不求于人则无怨。上不怨天，下不尤人。故君子居易以俟命，小人行险以徼幸。

《札记》《十三经注疏》

临财毋苟得，临难毋苟免。

《札记》《十三经注疏》

君子和而不同，小人同而不和。

孔子 引自《论语译注》

君子周急不继富。

孔于 引自《论语译注》

生有益于人，死不害于人。

《十三经注疏》

做人也要像蜡烛一样，在有限的一生中有一分热发一分光，给人以光明，给人以温暖。

肖楚女　引自《人生箴言录》

人的本质并不是单个人所固有的抽象物。在其现实性上，它是一切社会关系的总和。

马克思：《马克思恩格斯选集》

在小事情上也应该感到自己是个顶天立地的人，要学会做到这一点。

高尔基：《高尔基论报刊》

人既不仅仅是物质，也不仅仅是精神。

席勒：《审美教育书简》

人的良知是谦逊的，它甚至把羞愧当作乐事。而理性则是骄傲的，如果理性被迫感到反悔，那就会陷入绝望。

歌德：《歌德的格言和感想集》

人不是可以注入任何液体的空瓶。

皮萨列夫　引自《外国名言一千句》

人的理性粉碎了迷信，而人的感情也将摧毁利己主义。

海涅：《论浪漫派》

卑鄙和高傲的动机只会满足愚人、武夫、人类的侵略者和掠夺者的贪欲，人们应当放弃这种动机，不要让这些诱人的饮料再麻醉那些自命不凡之徒！

圣西门：《一个日内瓦居民给当代人的信》

绝不要再谈论一个好人应该是怎样的一种人了，就去做这样的一个人吧！

安顿尼诺　引自《人生箴言录》

最困难的职业就是怎样为人。

荷塞·马蒂　引自《外国名言一千句》

做一个谦虚的人是好的，但不必做一个冷漠无情的人。

伏尔泰　引自《外国名言一千句》

冷漠无情就是最大的残忍。

威尔逊　引自《外国名言一千句》

不要害怕敌人，他顶多把你杀死，不要害怕朋友，他顶多把你出卖。害怕的是冷漠无情的人，他既不杀死你，也不出卖你，但是世界上之所以有叛卖和谋杀，只是由于他的默许。

雅辛斯基　引自《外国名言一千句》

历史是过去的陈迹，国民性可改造于将来。

鲁迅　引自《鲁迅箴言集》

我们还是要揭发自己的缺点，这是意在复兴、在改善。

鲁迅　引自《鲁迅箴言集》

所以中国一向就少有失败的英雄，少有韧性的反抗，少有敢单身鏖战的武人，少有敢抚哭叛徒的吊客；见胜兆则纷纷聚集，见败兆则纷纷逃亡。

鲁迅　引自《鲁迅箴言集》

多有“不耻最后”的人的民族，无论什么事，怕总不会一下子就“土崩瓦解”的……

鲁迅　引自《鲁迅箴言集》

我们中国人总喜欢说自己爱和平，但其实，是爱斗争的，爱看别的东西斗争，也爱看自己斗争。

鲁迅　引自《鲁迅箴言集》

……做人总要吃些苦，才会有舒服的日子过。

莎士比亚：《莎士比亚全集》

怒气就像一匹烈性的马，如果由它的性子，就会使它自己筋疲力尽。

莎士比亚：《莎士比亚全集》

巨象的腿是为步行用的，不是为屈膝用的。

莎士比亚：《莎士比亚全集》

……我宁可把我的头颅放到断头砧上，也决不能叫我的双膝对任何人屈一下。

莎士比亚：《莎士比亚全集》

……用坚定不拔的意志，抵御一切危难。

莎士比亚：《莎士比亚全集》

我们谁都免不了一死，与其在世上偷生苟活，拖延着日子，还不如轰轰烈烈地死去。

莎士比亚：《莎士比亚全集》

当他爱他的国家的时候，他的国家也尊重他。

莎士比亚：《莎士比亚全集》

我宁愿做一只单身上的虱子，也不愿做这么一个没有头脑的勇士。

莎士比亚：《莎士比亚全集》

……横戈跃马的男儿，岂能做柔情的奴仆；要具有真正的品格，才算得真正的勇武。

莎士比亚：《莎士比亚全集》

凡是合乎道理的事我都可以答应。

莎士比亚：《莎士比亚全集》

在做艺术家之前，先要做一个人。

罗丹　引自《名人传记》

人格的力量是伟大的

施之己而不愿，亦勿施于人。

《礼记·中庸》

得其所利，必虑其所害；乐其所成，必顾其所败。

刘向《说苑·敬慎》

得官不欣，失位不恨。

王充《论衡·自纪》

要得人不知，除非己莫为。

《汉书·贾邹枚路传》

无传不经之谈，无听毁誉之语。

羊枯《戒子书》

瓜田李下，古人所慎。愿得此心，不贻厚责。

《北史·袁聿情传》

孟子曰，“独乐乐，不如与人乐乐；与少乐乐，不如与众乐乐”此王公大人之乐，非贫贱者所及也。孔子曰：“饭疏食饮水，曲肱而枕之，乐亦在其中矣。”颜子一箪食一瓢饮，不改其乐，此圣贤之乐，非愚者所及也。若夫鷦鷯巢林，不过一枝；鼹鼠饮河，不过满腹，各尽其分而安之，此乃愚叟之所乐也。

司马光：《司马文正公传家集》

古之学者为己，今之学者为人。

孔子　引自《论语译注》

吾日三省吾身——为人谋而不忠乎？与朋友交而不信乎？传不习乎？

曾子　引自《论语译注》

君子所以异于人者，以存其心也。君子以仁存心，以礼存心，仁者爱人，有礼者敬人。爱人者，人恒爱之；敬人者，人恒敬之。

孟子　引自《孟子译注》

我知言，我善养吾浩然之气。

孟子　引自《孟子译注》

……枉己者，未有能直人者也。

孟子　引自《孟子译注》

贤者以其昭昭使人昭昭，今以其昏昏使人昭昭。

孟子　引自《孟子译注》

口惠而实不至，怨灾及其身。是故君子与其有诺责也，宁有已怨。

孔子　引自《十三经注疏》

人们的苦痛是不容易相通的。

鲁迅：《“死地”》

激烈得快的，也平和得快，甚至于也颓废得快。

鲁迅：《上海文艺之一瞥》

顽劣，钝滞，都足以使人没落，灭亡。

鲁迅：《上海的儿童》

种种无用的感情，虽然我们是那么留恋它们，也还是抛开了它们好些。

冯雪峰：《母牛和她的犊儿》

全为实利打算，换言之，就是只要便宜。充其极端，做人全无感情，全无义气，全无趣味，而人就变成枯燥、死板、冷酷、无情的一种动物。这就不是“生活”，而仅是一种“生存”了。

丰子恺：《谢谢重庆》

我对一切人和事，都取和平的态度，把吃亏当作当然的。但是，在做人上，我有一定的宗旨与基本法则，什么事都可将就，而不能超过自己画好的界限。

老舍：《老舍的童年》

一个成人不能再变成儿童，否则就变得稚气了。

马克思：《马克思恩格斯全集》

各人的生性里都有一种一旦公开说了出来，就必然会招到反感的东西。

歌德：《歌德的格言和感想集》

热情有极大的价值，只要我们不因此忘乎所以。

歌德：《歌德的格言和感想集》

我们的激情实际上像火中的凤凰一样，当老的被焚化时，新的又立刻在它的灰烬中出生。

歌德：《歌德的格言和感想集》

激情不过是一种强化了的好的或者坏的品质而已。

歌德：《歌德的格言和感想集》

低等动物受它的器官的指导；人类则指导他的器官并且还控制着它们。

歌德：《歌德的格言和感想集》

年轻人总是太冒进，老年人总是太落后，真正成熟的人往往被夹在他们中间，而且只有采取特殊的办法才能从中钻出来。

歌德：《歌德的格言和感想集》

人的天性虽然是隐而不露的，但却很难被压抑，更很少能完全根绝。即使勉强施以压抑，只会使它在压力消除后更加猛烈。

培根：《培根论人生》

在私生活中，人的天性是最容易显露的。因为那时人最不必掩饰。在一时激动的情况下，也易于显露天性，因为激动使人忘记了自制。

培根：《培根论人生》

天性好比种子，它既能长成香花，也可能长成毒草，所以人应当时时检查，以培养前者而拔除后者。

培根：《培根论人生》

人走进喧哗的群众里去，为的是要淹没他自己的沉默的呼号。

泰戈尔：《泰戈尔诗选·飞鸟集》

太急于做好事的人，反而找不到时间去做好人。

泰戈尔：《泰戈尔诗选·飞鸟集》

当人是兽时，他比兽还坏。

泰戈尔：《泰戈尔诗选·飞鸟集》

在你一切见解与深思方面，以及在你举止与其他事情方面都一样，要保持稳健与含蓄……

蒙田：《人生随笔》

情感淡薄使人平庸。

狄德罗　引自《人生箴言录》

情感衰退使出色的人物失色。

狄德罗　引自《人生箴言录》

人将逐渐使外部自然界完全受自己节制，人将按照自己需要的程度把世上的一切改造得适合自己的要求……

车尔尼雪夫斯基　引自《车尔尼雪夫斯基》

做一个杰出的人，光有一个合乎逻辑的头脑是不够的，还要有一种强烈的气质。

司汤达　引自《人生箴言录》

要想有教养，“就要去了解世界都在谈论和思索的最美好的东西”。

马·阿诺德：《文学与教条·前言》

有文化教养的人能在美好的事物中发现美好的含义。这是因为这些美好的事物里蕴藏着希望。

王尔德：《道林·格雷的肖像·前言》

有教养的人才是真正主张平等的人。

马·阿诺德：《文化与无政府状态》

所谓良好教养……它们在几乎所有国家中乃至于一个地区里，都不尽相同；每一个明辨事理的人都会模仿他所在之地的良好教养，并与之看齐。

切斯特菲尔德：《书信录》

每一个破衣服人走过，叭儿狗就叫起来，其实并非都是狗主人的意旨或使唤。

叭儿狗往往比它的主人更严厉。

鲁迅　引自《鲁迅箴言集》

挺拔的青杉不应俯首于卑微的灌木，只应让低矮的灌木在青杉脚下凋枯。

莎士比亚：《莎士比亚全集》

宁愿做一朵篱下的野花，不愿做一朵受恩惠的蔷薇；与其逢迎献媚，偷取别人的欢心，毋宁被众人所鄙弃。

莎士比亚：《莎士比亚全集》

我不—愿选择众人所希求的东西，因为我不愿随波逐流，与庸俗的群众为伍。

莎士比亚：《莎士比亚全集》

个性即人的命运

每个人都有自己的人格。

富兰克林

每个人都有三种特性，一种是他显露出来的，一种是他所具备的，另一种则是他自以为拥有的。

卡尔

个性的造就由婴儿时代开始，一直持续到老死。

罗斯福

良好的个性胜于卓越的才智。

艾迪生

良好的性情重于黄金；后者是幸运的给予，前者是自然的天赋。

艾迪生

最冷静的性情常含有燃烧的精神，一如由最硬的打火石敲击出来的火。

哈兹立特

个性是一个人最大的需要和最大的保障。

史宝塞

天性的影响力大于教育。

伏尔泰

个性的完整是不需要尺度的。

卡缪

一个人在描述他人的个性时其自身的个性即暴露无遗。

李区特

个性像白纸，一经污染，便水不能再如以前的洁白。

黑格尔

任何事物如果和我们本性相协调的便是善。

史宝诺沙

习性难移——那些企图改变他自已的生活方式的人常觉徒劳无功。

宾尼

落井下石是人类最恶劣的性格。

爱斯裘勒斯

一个国家的幸福与否在于其国民的个性而非其政府的形式。

哈利伯顿

好脾气就像晴天，到处流放着光亮。

辛尼

最能使一个人生动地描绘出他自己性格的方法，无过于他描绘他人的态度。

利希脱

名誉是你得到的东西，个性是你付出的东西，当你醒悟了这个道理，那么你便开始活着。

杰克·麦纳

个性和名誉间有着很大的区别，因为名誉可以被谰言毁坏，而个性则除了它的主人外无人可以损害。

霍兰

一个人的失败的原因，在于本身性格的缺点，与环境无关。

毛佛鲁

我们的性格是我们行为的结果。

亚里斯多德

我们且不说；每一个人是他自己运气的工程师，但让我们说：每一个人都是他自己个性的工程师。

布特曼

我相信人的天性在本质上既非善也非恶，每个人生来各自具有不同构成的潜在品质，他们将成为哪种人，完全看养育他长大的方式如何而定。

密特

个性是由境遇造出来的，用相同的材料，有人造出了宫殿，也有人建成陋室。

留埃斯

事有大小，有先后。察其小，忽其大，失其所后，后其所先，皆不可以适治。

程灏：《论王霸札子》

事要三思免后悔。

关汉卿：《救风尘杂剧》

事必要其所终，虑必防其所至。

吕坤：《呻吟语·识见》

事无全遂，物不两兴。

徐祯稷：《耻言》

处难处之事，可以长识，调难调之人，可以练性，学生其中矣。

徐祯稷：《耻言二》

事至于过当便是伪。

王豫：《蕉窗日记》

事之可否，当以理裁之，一使性，便坏事。

中居郧：《西岩赘语》

不认真，作不得事。

中居郧：《西岩赘语》

缓事宜急干，敏则有功；急事宜缓办，忙则多错。

《格言联璧·处事》

事若求全何所乐。

《红楼梦》七十六回

别担心无事可做，一个有能力做好自己事情的人决不会找不到工作。

托·杰弗逊：《文集》

找不到事做的人——不管是谁——都有一种别人所无法理解的痛苦。

肖伯纳：《不合理的姻缘》

自认为大材小用的人，决不会把事情办好。

托·富勒：《箴言集》

为重要的事而烦恼是胸襟狭隘的表现。

罗·约翰逊：《五十年诗集·序》

一件事完成之后，随之而来的是它的收益，它将一直为自己旋转的车轮加油。

威·柯珀：《退隐》

如果每一个都管好自己的事情，地球会比现在转得更快。

卡罗尔：《艾丽丝漫游奇境记》

要管理好自己的事，否则就要被它们牵着跑。

富兰克林：《格言历书》

我想起一位聪明的朋友常常这样说："人人都管的事实际上没有人管。"

沃尔顿：《高明的垂钓者》

一千件事情要用一千种方法去处理。

奥维德：《爱的艺术》

有多少钱就办多少事，有多大的布就做多大的衣服。

博蒙特与弗莱彻：《乞丐的头发》

要做的事情何其多，而已经做完的事情却又那么少。

罗德斯：《遗言》

丰功伟绩都是从点点滴滴做起的。

弗·培根：《随笔集·论礼貌》

我们发现，大事情都是由小事情组成的。

罗·勃朗宁：《斯拉奇先生"中间人"》

谁藐视生活中的小事，谁就会渐渐消沉下去。

引自《逸经·不经之书》

就是那些琐碎的家务事，
就是那些不起眼的友善事务，
就是那些互相帮忙的事务，
才使我们的生活充满光明。

海恩斯：《那些琐事》

大事的成功往往取决于一个小小的问题。

乔·赫伯特：《外国谚语名句选》

影响巨大的事件往往发于芥末之事。

李维：《历史》

回避琐事也即回避世界。

查普曼：《希罗和利安德·献给圣教的书信》

为找钉子，蹄铁丢了；

为找蹄铁，马匹丢了；

为找马匹，骑手丢了；

为找骑手，战斗输了；

为赢战争，国家毁了——

所有这一切可都是为了寻找一颗蹄铁钉。

富兰克林：《格言历书》

小漏洞一多，船就难逃灭顶之灾。

托·富勒：《神圣与鄙俗·善良的仆人》

巨流汇自小泉，大栋长自树苗。

戴·埃弗雷特：《为了学校演讲写的稿词》

细浪冲上一千年，任何坚石都能被击穿。

丁尼生：《公主》

一片乌云能遮住太阳的光芒；

线断一处，整串的珍珠就会洒落；

脑子转动一下，精神就可能折耗；

说一句话，心脏就可能震破。

阿·安·普罗克特：《菲利普与米尔德里德》

巨大的引擎是靠小小的枢轴带动的。

博恩：《谚语手册》

滴水汇成浩瀚的汪洋，

细沙铺成舒适的海滩；

分秒虽不起眼，

却组成了永恒的时间。

细微的不端行为，会使我们的灵魂远离道德的轨道而陷入罪恶的泥潭。

不足挂齿的善行与和蔼的言语，

会使人间变得像天堂一样幸福美满。

卡尼：《琐事》

只有小人才对小事有兴趣。

迪斯累里：《西比尔》

一些细微的事情常能使下等人感到骄傲。

莎士比亚：《亨利六世中篇》

整天只知道为琐碎小事忙碌的人，必定成不了大器。

拉罗什富科：《箴言录》

别为琐事大动悲怀！

别用步枪去打蝴蝶——

还是一笑了之吧！

无名氏：《一笑了之》

无所事事者易生异端。

乔·赫伯特：《外国谚语名句选》

无所事事的人总觉得自己在忙。

莫里哀：《愤世嫉俗》

谁都不如无所事事者忙碌。

法国谚语

无所事事者诸事不揽，因而也一事无成。

博马舍：《塞维尔的理发师》

最无聊的莫过于无所事事的生活。

丁尼生：《两种声音》

无论是用脑还是用力，

我决不停止劳动，

因为撒旦会使无所事事之手

干出邪恶的勾当。

艾·瓦茨：《反对懒散》

无所事事者必然默默无闻。

纳西埃尔·豪：《谚语荟萃》

终日无所事事是——种难熬的生活。

威·柯珀：《退隐》

神圣的友谊，亲爱的朋友

友谊不是别的，而是一种以善意和爱心去连接世上一切神俗事物的和谐。

西塞罗：《僧服披肩》

友谊是一棵可以庇荫的树。

柯尔律治：《青春与暮年》

友谊是神的赠品，是神界给予人类的可贵恩典。

引自本·迪斯累里1855年7月16日在英国下院的演说

充分理解，这是法语里友谊一词的定义。

爱默生：《处世之道·举止》

名望是头戴灿烂金冠，但却没有香味的葵花。

友谊则是富于气息，片片花瓣都飘溢着醉人芬芳的玫瑰。

奥·霍姆斯：《昔日不再来》

没有自由就不会有友谊。友谊热爱自由的空气，它不愿意被关闭在狭小的围墙之内。

彭威廉：《孤独之果》

美德和友谊是最可贵的；实际上，友谊就是美德的一部分。

亚·蒲柏

引自约翰逊《诗人列传·蒲柏》

友谊无需拘谨，但也不能不讲文明。

哈利法克斯：《文集》

友谊是理性的纽带。

理·谢立丹：《伴娘》

友谊是心灵的结合。

伏尔泰：《哲学辞典·友谊》

从生活中夺去友谊好似从天上摘下太阳，因为这友谊是我们从永生的众神那里得到的最大幸福。

西塞罗：《僧服披肩》

人们结成友谊的原因很多，有出于自然的，也有出于契约的，有出于自身利益的，也有出于共同志趣的。

杰·泰勒：《论友谊的性质、交友之道和友谊的裨益》

鸟儿有巢，蜘蛛有网，人要有友谊。

威·布莱克：《地狱里的谚语》

友谊面前无重担。

约·盖伊：《朋友众多的野兔》

我反对为吹嘘时髦而又世俗的同盟关系而滥用友谊这个名称。

爱默生：《论文集第一辑·论友谊》

真正的友谊有如健康，它的价值只有在失去它时才被人们发现。

查·科尔顿：《莱肯》

集市上买不到友谊。

托·富勒：《箴言集》

我不愿意把我们之间的友谊比作铁链；因为铁链也许会被雨水锈蚀，或被倒下来的树砸断。

彭威廉：《与印第安人缔结的条约》

金质礼品会断送友谊。因为赠礼者也许的确会忘记自己的慨举，但受礼者却永远会感此厚恩。

威·史密斯：《桑德尔》

赢得友谊要靠智慧，保持友谊要靠美德，这两者是同等重要的。

威·佩因特：《欢乐宫》

势利小人是以能否从中得到好处来估价友谊的。

奥维德：《黑海书简》

勉强保持友谊是最难堪的。

普劳图斯：《皮努鲁斯》

懂得自爱，才能得到他人的友谊。

托·富勒：《箴言集》

保持彼此之间的友谊比结交朋友更不容易。

乔·萨维尔：《治国良箴》

为了某种目的而开始的友谊是决不会持久的。

弗·考尔斯：《谚语手册》

得不到友谊的人将是终身可怜的孤独者。没有友情的社会则只是一片繁华的沙漠。

培根：《培根论人生》

如果你把快乐告诉一个朋友，你将得到两个快乐，而如果你把忧愁向一个朋友倾吐，你将被分掉一半忧愁。

培根：《培根论人生》

友谊不但能使人走出暴风骤雨的感情世界而进入和风细雨的春天，而且能使人摆脱黑暗混乱的胡思乱想而走入光明而理性的思考。

培根：《培根论人生》

只要你想想一个人一生中有多少事务是不能靠自己去做的，就可以知道友谊有多少种益处了。

培根：《培根论人生》

友谊使欢乐倍增，使痛苦减半。

培根　引自《外国名言一千句》

没有真挚朋友的人，是真正孤独的人。

培根　引自《外国名言一千句》

合意的朋友千金难买。

蒙田：《人生随笔》

一个朋友的益处比水与火更令人愉快和不可缺少！

蒙田：《人生随笔》

世间最美好的东西，莫过于有几个头脑和心地都很正直的严正的朋友。

爱因斯坦　引自《名人名言录》

谈到名声、荣誉、快乐、财富这些东西，如果同友情相比，它们都是尘土……

达尔文　引自《达尔文生平及其书信集》

朋友是宝贵的，但敌人也可能是有用的，朋友会告诉我，我可以做什么，敌人将教育我，我应当怎样做。

席勒　引自《外国名言一千句》

云把水倒在河的水杯里，它们自己却藏在远山之中。

泰戈尔：《泰戈尔诗选·飞鸟集》

无论是多情的诗句，漂亮的文章，还是闲暇的欢乐，什么都不能代替无比亲密的友情。

普希金　引自《人生箴言录》

凡抛弃友谊的人，即使因为受害者的懦弱，逃过了他的惩罚，但他总不能免于神明的报复。

伊索　引自《人生箴言录》

在智慧提供给整个人生一切幸福之中，以获得友谊为最重要。

伊壁鸠鲁　引自《名人名言录》

连一个高尚朋友都没有的人，是不值得活的。

德谟克利特　引自《人生箴言录》

挚友如异体同心。

亚里斯多德　引自《人生箴言录》

世界上没有比友谊更美好、更令人愉快的东西了；没有友谊，世界仿佛失去丁太阳。

西塞罗　引自《外国名言一千句》

不知名的朋友也是朋友，

莱辛　引自《外国名言一千句》

兄弟可能不是朋友，但朋友常常如兄弟。

富兰克林　引自《外国名言一千句》

财富不是朋友，而朋友却是财富。

斯托贝　引自《外国名言一千句》

友谊，那心灵的神秘的结合者！

生活的美化者，社会的巩固者。

罗伯特·布拉女　引自《彭斯诗选》

鸟需巢，蛛需网，人需友情。

布莱克：《布莱克诗选》

亲戚是上帝赐予我们的，朋友是我们自己挑选的。

马姆福尔德　引自《外国名言一千句》

生命最后的明星，都是友爱。

埃·马卡姆：《友爱》

实际上，人们的联合是不可思议的，是一条神奇的“友爱”纽带把所有的人联系在一起。

托·卡莱尔：《随笔集·歌德文集》

自由只有通过友爱才得以保全。

引自徊果1870年在巴黎的演讲

聪明人都明白这样一个真理：帮助自己的惟一方法就是去帮助别人。

埃·哈伯德：《庸人》

除了一个真心的朋友之外没有一样药剂是可以通心的。

培根　引自《世界情爱箴言集》

不论是多情的诗句，漂亮的文章，还是闲暇的欢乐，什么都不能代替无比亲密的友情。

普希金　引自《世界情爱箴言集》

友谊真是一样最神圣的东西，不光是值得特别推崇，而且值得永远赞扬。

卜伽丘　引自《世界情爱箴言集》

惟一的可以经久的幸福，在于我们互相了解，互相友爱，智慧、友爱，这是照明我们的黑夜的惟一光亮。

罗曼·罗兰

朋友完全可以称为大自然的杰作。

爱默生：《论文集第一辑·论友谊》

忠诚的朋友是生命的良药。

引自《逸经·不经之书》

圣贤是思想的先声，朋友是心灵的希望。

爱默生：《论文集第二辑·论声望》

朋友是另一个我。

芝诺　引自第欧根尼《芝诺传》

父亲是财源，兄弟是安慰，而朋友既是财源，又是安慰。

本·富兰克林：《格言历书》

恭维奉承固然能取悦于人，但最好的赞词莫如“我是你的朋友”。

托·萨瑟恩：《致康格里夫先生》

为门庭增添光彩的是来做客的朋友。

爱默生：《社交与孤独·家庭生活》

远在天涯的朋友使世界变得如此广袤，是他们织成了地球的经纬。

梭洛：《致卡斯尔顿夫人的信》

忠诚的朋友是千金难买的。

塔西佗：《编年史》

朋友应比国王更重要。

伏尔泰：《致普鲁士王诸弗列德里克的信》

常和朋友在一起能使我们不致于变得粗鲁。

霍·华尔浦尔：《致乔治·蒙塔古的信》

不是真正的朋友，再重的礼品也敲不开心扉。

弗·培根：《随笔集·论友谊》

对年轻人来说，朋友是提醒他们不犯错误的谋士；对老年人来说，朋友是补充他们衰竭的体力、照顾他们生活困难的助手；对成年人来说，朋友是辅佐他们完成宏伟事业的臂膀。

亚里士多德：《尼可马亥伦理学》

交易场上的朋友胜过柜子里的钱款。

托·富勒：《箴言集》

哪里有朋友，哪里就有财富。

普劳图斯：《好斗》

生时无好友等于死后无人送终。

乔·赫伯特：《外国谚语名句选》

没有知已，谁也不愿意留在这个世界上，即使其他的东西他应有尽有。

亚里士多德：《尼可马女伦理学》

令人费解的是，一个人往往能够说出他有多少只羊，却道不清他有几位朋友，他把朋友的价值看得多轻啊！

苏格拉底　引自第欧根尼《苏格拉底传》

失去朋友如同失去生命。

弗·培根：《理性主义的外饰》

在惊人的、没有欢乐的生活的糊涂的混乱里，——闪烁着一颗灿烂的，快乐的星，它显示着“将来”的火花，这就是那个简单的，深刻得心一样的字眼“同志”！

高尔基

拿破仑说：我结交奉承者，我从来没有想到结交朋友。……于是他在一个布满乱石的小岛，孤独地度过其余生。

巴顿

人生贵相知，一知己足矣

其曲弥高，其和弥寡。

宋玉：《对楚王问》

钟子期死，伯牙终身不复鼓琴。

《汉书·司马迁传》

贫贱之知不可忘，糟糠之妻不下堂。

（知；朋友。糟糠之妻：旧指贫穷时的妻子。下堂；旧指妻被丈夫休退或和丈夫离异。）

《后汉书·宋弘传》

音实难知，知实难逢。

刘勰：《文心雕龙》

百年心知同，谁限河南北？

姚合：《寄耿拾遗》

山河不足重，重在遇知己。

鲍容：《壮志行》

人生贵相知，何用金与钱？

李白：《赠友人》

莫愁前路无知己，天下谁人不识君？

高适，《别董大》

丈夫会应有知己。

张谓：《赠乔林》

坐中无知音，安得有神详。

孟云卿：《伤怀酬故友》

人生乐在相知心。

王安石：《明妃曲》

生不愿封万户侯，但愿一识韩荆州。

(韩荆州；荆州刺史韩朝宗，好荐贤拔士。)

李白：《与韩荆州书》

四海有知己，何地不为家。

白朴：《水调歌头》

知己那须分贵贱，穷途容易感心情。

袁枚：《别常宁》

芳兰之芬烈者，清风之功也，屈士起于丘园者，知己之助也。

《抱朴子·交际》

悲莫悲兮生别离，乐莫乐兮新相知。

屈原：《少司命》

同声自相应，同心自相知。

傅玄：《何当行》

人生感意气，相知无富贵。

海内存知己，天涯若比邻。

王勃：《送杜少府之任蜀川》

相知无远近，万里尚为邻。

张九龄：《送韦城李少府》

长剑许烈士，寸心报知己。

李东阳：《挂剑曲》

人生难得惟知己，天下伤心是别离。

舒瞻：《别竹田》

相知同一己，岂惟弟与兄。

李白：《邺中赠王大》

万两黄金容易得，知心一个也难求。

曹雪芹　引自《中华艺术话语宝典》

合意客来心不厌，知音人听话偏长。

冯梦龙：《古今小说·新桥市韩王卖春情》

今古惟称知己少，驱山塞海事无难。

俞大猷：《赠陶指挥》

惟当同心人，可与论金铁。

(金铁：比喻友谊牢不可破。)

顾图河：《息交》

不是交同兰气味，为何话出一人心。

(交同兰：同“兰交”，即至交。)

孔尚任：《得刘在园太守处州消息缄诗即寄》

人生所贵在知己，四海相逢骨肉亲。

《雁门集·留别同年索士岩经历》

人生相遇贵相知，孰谓世间无伯乐。

(孰谓：谁说。)

《雁门集，题瘦马图》

人生得一知己足矣

斯世当以同怀视之

鲁迅：《鲁迅全集》

山河不足重，重在遇知己。

鲍溶：《壮士行》

相知何必旧，倾盖定前言。

陶渊明：《答庞参军诗》

同心不减骨肉亲。

杜甫　引自《中华艺术话语宝典》

酒肉弟兄千个有，落难之中无一人。

冯梦龙：《古今小说·吴保安弃家赎友》

酒逢知己千杯少，话不投机半句多。

佚名：《名贤集》

度尽劫波兄弟在，相逢一笑泯恩愁。

鲁迅　引自《鲁迅箴言集》

死生容易事，所痛为知音。

方以智：《独往》

利剑不在掌，结友何须多。

曹植：《野田黄雀行》

一双冷眼看世人，满腔热血酬知己。

袁枚：《随园诗话》

相知两相得，一顾轻千金。

李白：《酬岑勋见寻就元丹丘》

一个挚友胜过一群点头之交。

阿纳卡西斯　引自第欧根尼《阿纳卡西斯传》

真正的朋友是这样一种人：他们襟怀坦荡，为人正直，有求必应，勇于冒险；他们能够忍受一切，勇敢地牺牲一切，对朋友永不变心。

彭威廉：《孤独之果》

说我们好话的不一定都是知音。

约翰·克拉克：《英拉词典》

真正的知己看上去比骗子还要冷漠。

贺拉斯：《诗艺》

能对你开怀直言的人，便是你的挚友。

塞·约翰逊　引自博斯威尔《约翰逊传》

恶人无知己。

约·德莱顿：《一切为了爱情》

为朋友死不难，难在找一个值得为他死的朋友。

霍姆兹

道不同，不相为谋。

《论语·卫灵公》

有朋自远方来，不亦乐乎？

《论语·学而》

投我以木瓜，报之以琼琚。匪报也，永以为好也。

《诗经·木瓜》

投我以桃，报之以李。

《诗经·大雅·荡》

共君一席话，胜读十年书。

《朱子语类》

相逢何必曾相识。

白居易：《琵琶行》

不见古人下居者，千金只为买乡邻。

(千金买邻：《南史·吕僧珍传》载，宋季雅在吕僧珍宅旁买了一套房子，吕问房价多少，宋说一千一百万。宋感到贵得出奇，宋说一百万买宅，一千万买邻。)

冯梦龙：《醒世恒言·乔太守乱点鸳鸯谱》

万人丛中一握手，使我衣袖三年香。

龚自珍：《投宋于庭》

相逢且同乐，何必旧相知。

白居易：《江楼偶作赠》

落地为兄弟，何必骨肉亲。

陶渊明：《杂诗十二首》

若知四海皆兄弟，何处相逢非故人。

陈刚中：《阳关词》

在漫漫的旅程中，

像火，互相燃烧，

像灯，彼此照亮。

雁翼：《爱的思索》

能临缓急敦友谊，不向炎凉逐世情。

曾巩：《刁景纯挽歌词》

如果我们相互并不急于把自己放在与对方平等的地位，我们将彼此了解得更好。

歌德：《歌德的格言和感想集》

忘恩负义永远是一种弱点。我还从来没有见过有才干的人是忘恩负义的。

歌德：《歌德的格言和感想集》

有些人爱的是与自己相似的人，并且去寻求这种人；还有些人爱的是与自己相反的人，并且步其后尘。

歌德：《歌德的格言和感想集》

毫不奇怪，我们所有的人都或多或少乐于跟平庸者打交道，因为那会使我们心安理得，使我们产生一种与自己相同的人交往的舒适感觉。

歌德：《歌德的格言和感想集》

反驳和奉承，两者都会造成不愉快的交谈。

歌德：《歌德的格言和感想集》

始终不渝地忠实于自己和别人，就能具备最伟大才华的最高贵品质。

歌德：《歌德的格言和感想集》

人与人之间最大的信任就是关于进言的信任。

培根：《培根论说文集》

人处社会中，生存靠交际

生来就憎恶社交的人多少都带有一点兽性。

弗·培根：《随笔集·论友谊》

大的社交活动是那些已停止工作、再也没有重要事情可做的人参加的。

引自伍·威尔逊1915年2月24日在华盛顿的演说。

我在社交活动中的做法就是对人和颜悦色。我认为这一点对所有的人都是适用的。

狄更斯：《荒凉山庄》

思无不言在社交中肯定会给你带来危害，但一张坦率的嘴比一千张请帖还要管用。

洛·史密斯：《事后思量》

平等相待是社交的起码条件，谁自视太高、盛气凌人，谁就无异于自认是社交场上的下流之辈。

斯梯尔:《闲读者》

人类的产生就是为了社会交往。

布莱克斯通：《法律性质概论》

可与言而不与言，失人，不可与言而与之言，失言。知者不失人，亦不失言。

引自《论语·卫灵公第十五》

社交犹如空气，人离不了它，但光靠它来维持生命也是不够的。

乔·桑塔亚那：《短文选》

交际是人生的一大乐趣。

西·史密斯：《随笔集·女性教育》

交往是一种循环往复的游戏。

爱默生：《论文集第一辑·论圆圈》

人是需要交际的动物。

塞内加：《论恩泽》

自从世界上出现人类以来，

相互交往就一直存在。

伏尔泰：《哲学词典》

人类在相互交往中寻求安慰、价值和保护。

弗·培根：《学识的增长》

日常生活中的交往是令人生厌的。

华兹华斯：《丁登寺以左数英里处所作的诗》

知识使人变得文雅，而交际能使人变得完善。

托·富勒：《箴言集》

总的来说，在人与人的交往中，礼仪越周到越保险，运气也越好。

托·卡莱尔：《过去与现在》

理性和语言是人类交往过程中的纽带。

西塞罗：《论责任》

我们所知道的最好、最可靠、最有效而又最无副作用的兴奋剂是社交。

爱默生：《论文集·社交与孤独》

当志趣相同的人聚在一起时，交情也就开始了。

爱默生：《集外演讲录·社会目的》

社交的作用在于：同伟人在一起也容易使自己成为伟人。

爱默生：《论文集·社交与孤独》

让贤士和智者结文，他们就会相互学习长处。

托·杰弗逊：《文集》

既然人生的主要快乐是社交，

那何必为友谊而烦恼？

约·戴维斯：《交响乐》

人再深居简出也难免与人交往。

艾·迪斯雷利：《天才的文学特性》

离群索居固然不可取，

而交际太广，则更不足取。

威·阿林汉：《黑莓》

如果说是社交教会了我们怎样生活，

那么该是孤独教会我们怎样去死了。

拜伦：《恰尔德·哈罗尔德游记》

培养性格离不开社交活动，发挥想象则需要独处的环境。

詹·拉·洛威尔：《我书中的人物·德莱顿》

与世隔绝是不切实际的做法，与人交往是在所难免的。

爱默生：《论文集·社交与孤独》

孤独有时是最好的交际，

短暂的索居能使交际更甜蜜。

弥尔顿：《失乐园》

一个人从另一个人的诤言中所得来的光明比从他自己的理解力，判断力中所得出的光明更是干净纯粹……

培根：《培根论说文集》

一个从未有过交际的人，会把出于一般形式的礼貌而作的允诺当做余切殷勤的标志加以接受，当他感到失望时，他又会抱怨那是虚伪。

席勒：《审美教育书简》

讲话气势汹汹，未必就是言之有理。

萨迪：《蔷薇园》

不是血肉的联系，而是情感和精神的相通，使一个人有权利去援助另一个人。

柴可夫斯基：《我们的音乐生活》

亲善产生幸福，文明带来和谐。

雨果：《论文学》

不爱任何人的人，据我看是也不能为任何人所爱的。

德谟克利特　引自《人生箴言录》

常常对别人不诚恳的人，最后对自己也不会诚恳。

拉罗什弗科　引自《外国名言一千句》

给恶人以帮助的人，到时候就要懊悔。

费德罗　引自《外国名言一千句》

幽默是生活波涛中的救生圈。

拉布　引自《外国名言一千句》

花圃靠浇灌，友谊靠培植

独在异乡为异客，每逢佳节倍思亲。

王维：《九月九日忆山东兄弟》

朋友不信，则交易绝。

武则天：《臣轨下》

多士之林，不扶自直。

杨炯：《参军事卢恒庆赞》

惮势而交人，势劣而交道息，希利而友人，利薄而友道退。

《皮日休文集·鹿门隐书六十篇》

交疏自古戒言深，肝胆徒倾致铄金。

司空图：《狂题十八首》

惟当金石交，可以圣达论。

孟郊：《审交》

不求立名声，所贵去瑕疵。各愿遗子孙，水为后世资。

(瑕疵：微小的缺点。)

王建：《求友》

欲知求友心，先把黄金炼。

孟郊：《求友》

鹅毛赠千里，所重以其人；鸭脚虽百个，得之诚可珍。

(鹅毛、鸭脚，比喻物轻。)

欧阳修：《梅圣俞寄银杏》

神交，非言可间。

《三国志》

君子淡如水，岁久情愈真。小人口如蜜，转眼如仇人。

《逊志斋集·朋友》

交疏自古戒言深，肝胆徒倾致铄金。

司空图

平日若无真义气，临时休说死生交。

《水浒传》

为水不入海，安得浮天波？为木不在山。安得横日柯？雨来君子傍。始觉精义多。

孟郊

博弈之交不终日，饮食之交不终月，势利之交不终年，惟道义之交，可以终身。

《张言联璧·接物》

有情不管别离久，情在相逢终有期。

晏几道：《秋蕊香》

但愿人长久，千里共婵娟。

(婵娟：美丽的姿态，指明月。)

苏轼：《永调歌头·丙辰中秋，欢饮达旦，大醉，作此篇，兼怀子由》

君子因誉而情疏，因诤而友密。

(誉：恭维。诤：直言规劝。)

崔敦礼：《刍言》

智可以砥，行可以为辅弼者，人友也。

《韩诗外传》

薄我货者，欲与我市者也；訾我行者，欲与我友者也。

(薄：轻视，看不起。市：买卖。)

崔敦礼：《刍言》

味甘终易坏，岁晚还知，君子之交淡如水。

辛弃疾：《洞仙歌·丁卯八月病中作》

人最不可轻易疑人。

《训俗遗规·魏叔子日录》

不强交，不苟绝。

《文中子》

与人交，不为人所信，义未至也。

《意林·申鉴》

与人相处之道，第一要谦下诚实。

《训俗遗规》

一竹一兰一石，有节有香有骨。满堂君子之人，四时清风拂之。

郑板桥《题画竹石二十三则》。

古交如真金，百炼色不回。

贯休

合意友来情不厌，知心人至话投机。

冯梦龙

丈夫结交须结贫，贫者结交交始亲。

高适

善与人交，岁寒无易。

杨炯

道义相砥，过失相规，畏友也：缓急可共，死生可托，密友也，甘言如饴，游戏征逐，昵友也；和则相攘，患则相倾，贼友也。

苏浚

交友者，识人不可不真，疑心不可不去，小嫌不可不略。

魏禧

衣冠不正，朋友之过。

崔灏：《通俗篇》

人有德于我，惟恐人知，我有德于人，惟恐人不知，此等人岂可与为友？

中居郧：《西岩赘语》

人之交，多取知其不贪，奔败知其不法，闻流言不信，才可善终。

宋缓：《古今药石·续自警编》

凡弈棋与胜己者对，则日进，与不如己者对，则日退。

中涵光：《荆园进语》

非诚心款契，不足以结师友。

(款；诚恳。契：相合，投合。)

《抱朴子·微子》

良友结则辅仁之道弘矣。

《抱朴子·交际》

我自讳过，安得有直友，我自喜谀，安得无佞人。

申居郧：《西岩赘语》

友正直者日益，友邪柔者日损。

《薛文清公读书录·交友》

若人能攻我之病，我又能受人之攻，非义友邪？

《海瑞集·严师教戒》

人伴贤良智转高。

秦简夫：《东堂老》

遇事莫逞性，责己严于友。

董必武：《今年除日晕儿适满二十二周岁为诗祝之》

与朋友交，只取其长，不计其短。

李惺　引自《世界情爱箴言集》

对自己的同志和兄弟能够“以德报怨”，帮助同志改过，毫无报复之心。

刘少奇

挫折时
一句温暖的话
迷惑时
一个肯定的回答

罗洛：《友谊》

深挚的友情是最感人的就我自己说，我们要能多得到深挚的友谊，也许还要多多注意自己怎样做人，不辜负好朋友的知人之明。

邹韬奋

生死如浮云，素交山不移。

方式济：《铁五送至蒲河赋别》

啊！人生最大的慰藉是什么——
在蒙受屈辱的时日，世界上，哪怕是
千里之外
有能理解你的人。

林希：《夫妻》

沉默容易使人跟朋友疏远。热烈的叙说和自白则使人们互相接近。

巴金：《醉》

朋友也是说好话的多，所以真肯提你缺点的人倒是你难得的好友。

盖叫天：《粉墨春秋》

不要靠馈赠来获得一个朋友。你需贡献你挚情的爱，学习怎样用正当的方法来赢得一个人的心。

苏格拉底　引自《世界情爱箴言集》

要想吸引朋友，须有种种品性。自私、小器、嫉妒，不喜欢成人之美，不乐闻人之誉的人，不能获得朋友。

马尔顿　引自《世界情爱箴言集》

用了狡计去害友人的人，自己将陷于危险埋伏之中。

伊索　引自《世界情爱箴言集》

有的人想的是他们朋友的缺点，这是不会有所得的。我经常注意的是我敌人的优点，并且发现这样做大有好处。

歌德：《歌德的格言和感想集》

不要从你自己的袋里掏出勋绩借给你的朋友，这是污辱他的。

泰戈尔：《泰戈尔诗选·飞鸟集》

真正的友谊是诚挚的和大胆的。

席勒　引自《外国名言一千句》

人与人的相互关系中对人生的幸福最重要的莫过于真实、诚意和廉洁。

富兰克林　引自《名人名言录》

真正的朋友该说真话，不管话多么尖锐……

奥斯特洛夫斯基：《演讲·论文·书信集》

所谓友谊，这首先是诚恳，是批评同志的错误。

奥斯特洛夫斯基：《请开放吧》

一个朋友应当原谅他朋友的过失……

莎士比亚：《莎士比亚全集》

酒肴即使稀少，只要主人好客，也一样可以尽欢。

莎士比亚：《莎士比亚全集》

真的友情，谈话里就会体现出更真挚的友情。

莎士比亚：《莎士比亚全集》

朋友如同琴弦，切勿拧得过紧，

亨·博恩：《谚语手册》

不信任朋友比受朋友欺骗更令人遗憾。

拉罗什富科：《箴言录》

不求名利的朋友很少会起妒心。

哈利法克斯：《文集》

最能保人心神之健康的预防药就是朋友的忠言和规谏。

培根

朋友出于善意的错误是应该加以同情的，不应加以嘲笑。

莫泊桑

即使是最知心的朋友，也会在他们的友谊里夹杂嫉妒的成份。

查·科尔顿：《莱肯》

论人之过，常厚其心，不可徒泥于迹。取人之善，惟据其迹，不必深求其心。

王镜水

朋友的眼睛是一面明镜。

富兰克林

最好的药方（最有效并且最易服用的）就是朋友的劝谏。

培根

仕途上充满，也必然充满着破裂的友谊。

赫·乔·威尔斯：《基普斯》

破裂的友谊虽能恢复，但却再也达不到亲密无间的程度了。

托·富勒：《箴言集》

破裂后重又恢复的友谊比始终不渝的友谊更需要关心和爱护。

拉罗什富科：《箴言录》

一生中交上一个挚友，也就可以称得上分外有福了。

托·富勒：《箴言集》

一生中交一个朋友谓之足，交两个朋友谓之多，交三个朋友谓之难得。

亨·亚当斯：《论教育》

在确保终身幸福的所有努力中，最重要的是结识朋友。

伊壁鸠鲁：《格言集》

我像热爱美德，热爱灵魂和我的上帝那样，热爱我的朋友。

托·布朗：《梅迪奇的宗教观》

要像射向目标的飞箭那样把爱投向你的朋友，并牢牢地扎在他身上，而不要做撞在墙上后又弹回来的皮球。

弗·夸尔斯：《谚语手册》

谁伸出援助我的手，而不是仅仅对我表示同情，谁就是我的朋友。

托·富勒：《箴言集》

哪有朋友之间通融几个钱也要斤斤计较地计算利息的道理？

莎士比亚：《威尼斯商人》

交一个朋友不容易，但失去他却快得很。

黎里：《尤菲绮斯》

人们有了很多次交往之后才能结为朋友。

西塞罗：《僧服披肩》

不要对每一个泛泛的新知滥施你的交情。

莎士比亚：《哈姆莱特》

朋友有求，决不可明日作复。

乔·赫伯特：《外国谚语名句选》

把对朋友的责备埋于心底，让对朋友的赞扬响彻云霄。

普卜利利乌斯·绪儒斯：《警句》

自己能做的事不要去麻烦朋友，

恩尼乌斯：《萨特罗》

为朋友提供方便也即为自己做好事。

伊拉斯谟：《家常谈》

对共同的朋友的评论是为友谊增添甘露和粘合剂。

威·赫兹里特：《席间闲谈》

如果我的朋友是一只眼，我就看他们的侧面。

茹贝尔：《名言集》

增进友谊的最大努力就是要让朋友看见他们自己的弱点，而不是向他们暴露我们的不足。

拉罗什富科：《箴言录》

朋友决不应受到伤害，哪怕在玩笑中。

普·利利乌斯·绪儒斯：《警句》

那种宁愿伤害朋友也不肯在笑话中失面子的做法，是万万要不得的。

昆体良：《演说术原理》

那些宁为一句戏言而失去朋友的人必然成为饿殍。

托·富勒：《神圣与鄙俗·谈玩笑》

与其失去一位老朋友，毋宁放弃一句新笑话。

加·哈维：《文集》

人与人之间一旦建立起友情，就必须以诚相见，但在友情建立之前，还得多一个心眼。

塞内加：《致鲁西流书信集》

再顺调的月经也有阵痛。

最真诚的朋友也会误伤他人。

爱·扬格：《夜思》

没有比因为自己的朋友忠厚老实而把难以接受的事实真相强加于他的人更不友好的了。

布尔沃·利顿：《他将怎么办？》

信任是友谊的重要空气，这种空气减少多少，友谊也会相应消失多少。

约瑟夫·鲁：《一个教区牧师的沉思》

没有信任，便没有友谊。

伊壁鸠鲁　引自第欧根尼《伊壁鸠鲁传》

友谊最致命的病患是逐步冷淡，或是嫌怨的不断增加，这些嫌怨不是小得不足挂齿，就是多得无法排除。

塞·约翰逊：《懒汉》

友谊就是平等。

毕达哥拉斯　引自第欧根尼《毕达哥拉斯传》

情重相投，礼尚往来。

赫西奥德：《工作与时日》

友谊是两者之间的公平交易。

哥尔斯密：《老好人》

除非双方实力相当，或各有优势，否则友谊是难以长久的。

塞·约翰逊：《漫步者》

友谊是一种生长缓慢的植物，它只有嫁接在彼此熟识、互相敬爱的枝干上才会枝繁叶茂。

切斯特菲尔德：《书信录》

友谊是精神的默契，心灵的相通，美德的结合。

彭威廉：《孤独之果》

真正的友谊产生于共同的爱憎之中。

萨卢斯特：《喀提林战争》

要想赢得友谊，就要用友谊去交换。

托·威尔逊：《关于度诚的格言集》

友谊永远是美德的辅佐，不是罪恶的助手。

西塞罗

真正的朋友不把友谊挂在口上，他们并不为了友谊而互相要求一点什么，而是彼此为了对方做一切办得到的事。

别林斯基：《别林斯基论教育》

我们找到朋友不是由于从他们那里得到了帮助，而是由于我们给予他们以帮助。

修昔得底斯　引自《外国名言一千句》

中断了的友谊，应当说本来就没有友谊。

普卜利西尔　引自《外国名言一千句》

一生都没有满足过朋友要求的人，不能算是一个成功的人。

梭洛：《冬·日记》

人与人之间最大的信任就是关于进言的信任。

培根　引自《世界情爱箴言集》

谁若想在困厄时得到援助，就应在乎日待人以宽。

萨迪　引自《世界情爱箴言集》

一个人从另一个人的诤言中所得来的光明比从他自己的理解力、判断力所得出的光明更是干净纯粹

培根

批评不能使我灰心；相反的，它将告诉我：我是处在朋友中间，朋友们能够帮助我拖我的重载。

奥斯特洛夫斯基

以赠品收买朋友，则他也可能被他人收买。

莎士比亚

良友不忘尽其义务。

拜伦

一个朋友总不致于只值一张钞票的代价吧？我不愿出卖。

肖伯纳

当你的朋友向你倾吐胸臆的时候，你不要怕说出心中的“否”，也不要瞒住你心中的“可”。

吉普林

行为周正的人，必然爱他的朋友，爱他的祖国。

额普顿

朋友之间最珍贵的赠品是原谅与宽恕。

佚名

我是多么骄傲我有能力为朋友做些事情。

山缪尔·培比

欲朋友之交日深，有三要件：一当朋友的面宜尊重他，二对于他人则称赞他，三遇必要的时候帮助他。

意大利谚语

忠告是朋友的最好礼物。

阿拉伯谚语

虚伪的朋友就像影子，当我们在太阳光下前进时，它就紧跟着我们；但当我们偶尔碰到阴影的时候，它马上弃我们远去。

波菲

戏言不能伤敌，却能伤害朋友。

佚名

哪有朋友之间通融几个钱也要斤斤计较地计算利息的道理？

莎士比亚：《威尼斯商人》

交一个朋友不容易，但失去他却快得很。

黎里：《尤菲绮斯》

人们有了很多次交往之后才能结为朋友。

西塞罗：《僧服披肩》

不要对每一个泛泛的新知滥施你的交情。

莎士比亚：《哈姆莱特》

朋友有求，决不可明日作复。

乔·赫伯特：《外国谚语名句选》

把对朋友的责备埋于心底，让对朋友的赞扬响彻云霄。

普卜利利乌斯·绪儒斯：《警句》

自爱者方能为人所爱

未有爱人而不自爱者，此人心也；未有害人而不自害者，此天理也。

申涵煜：《省心短语》

人必其自敬也，然后人敬诸。（诸：之。）

杨雄：《法言·君子》

圣人自知而不自见也，自爱而不自贵也。

《老子》

不宜妄自菲薄。

诸葛亮：《出师表》

不自重者致辱，不自畏者招祸。

申涵煜：《省心短语》

人不自爱，则无所不为；过于自爱，则一无所为。

吕坤：《呻吟语选·补遗》

善在身，介然，必以自好也。

(介然：坚固的样子，即“永远”。)

《荀子·修身》

自立自重，不可随人脚跟，学人言语。

《陆象山语录》

劝君高枕且自爱，劝君浊醪且自酤。

李攀龙：《岁抄放歌》

不可自暴自弃自屈。

《陆象山先生语录》

人不可以自弃，荒田尚有一熟稻也。

王有光：《吴下谚联》

人不自重，斯召侮矣；不自强，斯召辱矣。

《薛方山纪述·上篇》

凤凰不共鸡争食，莫怪先生懒折腰。

(折腰：下拜。)

胡曾：《彭译》

无论何国何人，大都承认“爱己”是一件应当的事。这便是保存生命的要义，也就是继续生命的根基。

鲁迅：《我们现在怎样做父亲》

“爱惜自己”当然并不是坏事情，至少，他不至于无耻，然而有些人往往误认“装点”和“遮掩”为“爱惜”。

鲁迅：《“题未定”草》

卑己而尊人是不好的，尊己而卑人也是不好的。

徐特立：《札记摘录》

尊重别人，别人才尊重自己。

夏衍：《治病不是可耻的事情》

要取得进展，首先不要自卑，不要自馁，不要被“极限”的成见所拘束。一句话；首先得拿出闯关的勇气来！

岑桑：《一厘米》

不认识他自己的人的尊严，就更不会尊重他人的人的尊严。

席勒：《审美教育书简》

你知道你为什么把他看得很高吗？因为你连他的木屐也算在内了。

塞涅卡　引自蒙田《人生随笔》

当自我不被考虑到时，便没有骄傲或谦卑的余地。

休谟：《人性论》

最盲目的服以乃是奴隶们所仅存的唯一美德。

卢梭：《论人类不平等的起源和基础》

人应尊敬他自己，并应自视能配得上最高尚的东西。

黑格尔：《小逻辑》

对于不知足的人，没有一把椅子是舒服的。

富兰克林　引自《外国名言一千句》

由于痛苦而将自己看得太低就是自卑。

斯宾诺莎：《伦理学》

西塞罗：《致弗拉特利姆五世的书信》。

自爱比恋爱更加狂热。

卢梭：《爱弥儿》

自爱比盲目更傲慢；它不是要我们隐瞒自己的短处，而是劝我们逃避他人的指责。

塞·约翰逊：《漫步者》

自爱者方能为人所爱。

蒙田：《随笔集》

被触犯了的自爱是绝对不会原谅人的。

维泽

卑己而尊人是不好的，尊己而卑人也是不好的。

徐特立：《札记摘录》

尊重别人，别人才尊重自己。

夏衍：《治病不是可耻的事情》

要取得进展，首先不要自卑，不要自馁，不要被“极限”的成见所拘束。一句话；首先得拿出闯关的勇气来！

岑桑：《一厘米》

倘不自爱，又怎能担当得别人的爱呢?

唐弢：《市侩主义》

不认识他自己的人的尊严，就更不会尊重他人的人的尊严。

席勒：《审美教育书简》

你知道你为什么把他看得很高吗?因为你连他的木屐也算在内了。

塞涅卡　引自蒙田《人生随笔》

当自我不被考虑到时，便没有骄傲或谦卑的余地。

休谟：《人性论》

最盲目的服以乃是奴隶们所仅存的唯一美德。

卢梭：《论人类不平等的起源和基础》

人应尊敬他自己，并应自视能配得上最高尚的东西。

黑格尔：《小逻辑》

对于不知足的人，没有一把椅子是舒服的。

富兰克林　引自《外国名言一千句》

由于痛苦而将自己看得太低就是自卑。

斯宾诺莎：《伦理学》

欲信人必先自信

如果不相信自己，不相信自己的力量，除了幻想和神话外，什么也创造不出来的。

高尔基：《高尔基政论杂文集》

一个人如果要把对他的一切要求都办到的话，就必须把他自己看得高于他的实际情况。

歌德：《歌德的格言和感想集》

每个人都应该坚持走他为自己开辟的道路，不被权威所吓倒，不受行时的观点所牵制，也不被时尚所迷惑。

歌德：《歌德的格言和感想集》

自信是成功的第一秘诀。

爱默逊　引自《人生箴言录》

社会犹如一条船，每个人都要有掌舵的准备。

易卜生　引自1980早6月16日《解放日报》

第一个教大学的，必定是从没有上过大学的儿

罗蒙诺索夫　引自《花蜜和蜂刺》

子规夜半犹啼血，不信东风唤不回。

王令：《晚春》

自信是一种感觉，有了这种感觉，人们才能怀着坚定的信心和希望，开始伟大而又光荣的事业。

西塞罗：《修辞学的创新》

自信是英雄主义的本质。

爱默生：《论文集·第一辑·英雄主义》

只相信自己正确者，通常是那些有所成就的人。

艾·赫胥黎：《正当的研究》

世人的承诺多半是空洞虚伪的。要相信自己，并做一些有意义的工作，这样才是安全可靠的。

米开朗基罗　引自爱默生《社交与孤独·成功》

心中认定一个目标，无论他人如何责骂，自己只管前进。

塞·罗杰斯：《人生》

充分自信、完全自给的人是最幸福的。

西塞罗：《反证》

不是时运，也不是机遇，而是你自己的双手主宰着事情的成败。

塞·瓦·科尔：《工作与生涯》

我们的卫士就是我们自身，就是我们赤诚的心和自由的手。

塔尔福德：《伊翁》

对自己都不信任，还会信什么真理？

莎士比亚：《鲁克丽丝受辱记》

动摇一个人的自信心是容易的——十分容易的。以此来摧毁人的精神是魔鬼的勾当。

肖伯纳：《康蒂妲》

过分自信的人将会使自己处于脆弱而动摇的地位。

埃·斯宾塞：《人世虚浮如梦幻》

自己以为站得稳的，需要谨慎，免得跌倒。

引自《新约全书·哥林多前书》

社交场上的信心比机智更加重要。

拉罗什富科：《箴言录》

本领加信心是一支战无不胜的军队。

乔·赫伯特：《外国谚语名句选》

信心来自谨慎。

爱比克泰德：《谈话录》

缺乏信心并不是因为出现了困难，而出现困难倒是因为缺乏信心。

塞内加：《致鲁西流书信集》

我们每做一件事都应该既小心谨慎，又充满信心。

爱比克泰德：《谈话录》

人贵有自知之明

君子不患人之不己知，患不自知也。

《陈确集·瞽言》

行天下而后知天下之大也，我不可以自恃；行天下而后知天下之小也，我亦不可以自馁。

申涵光：《荆园小语》

不患莫己知，求为可知也。

《论语·里仁》

未有不能自足而能足人者也，未有不能自治而能治人者也。

桓宽：《盐铁论·贫富》

自以为至足，乃是自暴自弃。

黄宗羲：《宋元学案》

好说己长便是短，自知己短便是长。

申居郧：《西岩赘语》

学莫先于自知。

《陈确集·别集·学谱》

己自知而后知人。

《鬼谷子·反应》

人有过失，己必知之；已有过失，岂不自知？

林逋：《省心录》

人不自知其过者，不明也。

《薛文清公读书录·警训》

明莫大于自见，聪莫大于自闻。

（自见：看到自己的过失。自闻：听到自己的缺点。）

徐干：《中论·修本》

自知者不怨人。

《荀子·荣辱》

自知者英，自胜者雄。

王通：《中说·周公篇》

螳螂怒其臂以当车辙，不知其不胜任也。

《庄子·人世间》

自以为是，是思想生命的一种病态。

徐特立：《札记摘录》

墙角的花！

你孤芳自赏时，

天地便小了。

冰心：《春水》

尺有所短，寸有所长。物有所不足，智有所不明。

《楚辞·卜居》

老是把自己当做珍珠

就时时有被埋没的痛苦

把自己当成泥土吧

让众人把你踩成一条路

鲁藜：《泥土》

知人者智，自知者明。

引自《老子》

假如你不能成为山巅的青松，

那就做峡谷里的灌木——但要做溪流边最优良的灌木。

马洛奇：《尽你所能》

人应该了解自己，不要让上帝来审视你；

人类研究最适当的课题就是人类本身。

蒲柏：《人论》

一个人假如大家都对他十分了解，而他自己对自己却至死仍一无所知，那么，这死亡就像千斤重担压在他身上。

塞内加：《提埃斯忒斯》

缺乏自知之明是最愚昧的。

卢梭：《爱弥儿》

假如你要了解自己，那就请观察他人如何行动；假如你要了解他人，那就请窥视自己的心灵。

席勒：《献碑铭文·泽尼恩》

你如何看待自己远比他人如何看待你重要得多。

塞内加：《致鲁西流书信集》

了解自己是自我宽慰的传统形式，逃避责任是浪漫的做法。

乔·桑塔亚那：《论学说》

不要以自己的见解为尺度来衡量自己，而要让是非的准绳明智地判断自己的曲直。

托·布朗：《基督教徒的德行》

自知的第一步是不自以为是，舍此便不能获得任何知识。

朱·查·黑尔与奥·威·羔尔：《对真理的质疑》

意识到了自己的无知就是向知识迈进了一大步。

本·迪斯累里：《西比尔》

自知者决不是愚人，他们已站在智慧之门的门槛上。

亨·哈·埃利斯：《观点与评论》

知道自己知道什么，也知道自己不知道什么，这就是真正的知识。

梭洛：《沃尔登》

我们的全部学问就是了解自己。

蒲柏：《人论》

自知会使你摈除虚荣心。

塞万提斯：《堂·吉诃德》

自愿把自己的缺点错误公布于众，是极为罕见的睿智的英雄行为。

乔·桑塔亚那：《短文选》

我不知道的我就承认我不知道。

柏拉图：《苏格拉底的辩解》

我原以为我无所不知，但我现在承认，我知道得越多，我知道得就越少。

罗·欧文：《文集》

一般说来，多讲自己的过失比夸大自己的功劳要有益得多。

托·卡莱尔：《随笔集·时代的标志》

人应该了解自己，而了解自己也是世界上最难的课题。

塞万提斯：《堂·吉诃德》

认为自己白璧无瑕，这是人的一种天性。

温伯特：《四行诗集》

自知的人是最聪明的。

乔叟：《坎特伯雷故事·牧师的故事》

曾子曰：“吾日三省吾身——为人谋而不忠乎？与朋友交而不信乎？清不习乎？”

引自《论语·学而篇第一》

反躬自省是通向美德和上帝的途径。

瓦茨：《反省》

在我不能明辨是非的领域，也就不存在我的权力。

歌德：《歌德的格言和感想集》

谁也不要以为人民总是像等待救世主那样在等待他。

歌德：《歌德的格言和感想集》

细心而诚实的观察者总是越来越认识到自己的局限性。

歌德：《歌德的格言和感想集》

不学会评价自己，就不能评价别人。

歌德　引自《外国名言一千句》

人只能是他自己，而不可想象超出他能力范围。

蒙田：《人生随笔》

蜜蜂从花中啜蜜，离开时营营地道谢。

浮华的蝴蝶却相信花是应该向它道谢的。

泰戈尔：《泰戈尔诗选·飞鸟集》

最困难的事情是认识自己。

泰勒斯　引自《外国名言一千句》

不研究自身，就决不能深刻了解别人。

车尔尼雪夫斯基　引自《外国名言一千句》

假使说，人跟山比起来显得象颗微尘，那么他跟沙粒比起来，就显得像一座山。

伊林　引自《伊林及其作品》

自以为是其一切的主人的人，反而比其他一切更是奴隶。

卢梭　引自《人生箴言录》

我在日常生活中严守着一个美好的原则："贵在自知之明"。我是素以此来鞭策自己的。

安格尔：《安格尔论艺术》

以为没有别人自己什么都行的人，是非常错误的，以为没有自己别人什么都不行的人，那就更加错误。

拉罗什弗科　引自《外国名言一千句》

人生乃是一面镜子。

哪怕随后就离开人世。

尼采：《尼采诗选》

人非圣贤，孰能无过

立身之道，非求备于人也。

林通：《省心录》

邓林千里，不能无偏枯之木。

《抱朴子·博喻》

虽君子不能无小过，苟不害于正道，斯可略矣。

《资治通鉴·唐纪》

人非尧舜，谁能尽善。

李白：《与韩荆州书》

周公不求备于一人。

《资治通鉴·汉纪》

与人不求备，检身若不及。

《尚书·伊训》

水至清则无鱼，人至察则无徒。

《汉书·东方朔传》

君子无以貌取人。

《抱朴子·刺骄》

取其一，不责其二，即其新，不究其旧。

韩愈：《原毁》

勿以小恶弃人大美，勿以小怨忘人大恩。

申居郧：《西岩赘语》

倘要完全的人，天下配活的人也就有限。

鲁迅：《〈思想·山水·人物〉题记》

勿以身贵而贱人。

《六韬，立将》

互惠互赠造就了友谊

谁送我微薄的礼物，谁就等于给我增添了生活的勇气。

乔·赫伯特：《旬国谚语名句选》

不要挑剔礼品的优劣。

圣哲罗姆

送礼人的地位决定礼物的价值。

奥维德：《黑海书简》

如果送礼者受到鄙夷，那么礼物也一定受到蔑视。

约·德莱顿：《牡鹿与豹》

当你接受礼物时，既要看礼物又要看送礼物的是何人。

塞内加：《提埃斯忒斯》

今天的送礼人，如果明天高兴，又可变成取走礼物的人。

贺拉斯：《书札》

别人既能把礼物送到你面前，也能把它从你面前取走。

鲁西流　引自塞内加《致鲁西流书信集》

谁得到礼物谁便得到神佑，至于礼物到了谁手上则无关宏旨。

佩特罗尼乌斯：《萨蒂利孔》

“互赠”是个好人，但他很容易疲倦。

约翰·雷：《英国谚语大全》

互惠互赠造就了友谊。

约翰·雷：《英国谚语大全·苏格兰谚语》

赠送礼物和接受礼物同样需要头脑。

塞万提斯：《堂·吉诃德》

最珍贵的礼物恐怕要算不期望也不接受别人回赠的礼物了。

朗弗罗：《日记与书信集》

伟大的礼物只能送给伟大的人物。

约翰·雷：《英国谚语大全》

礼物能感化神灵，能感化显赫的国王。

柏拉图：《理想国》

据说就连神灵也能被礼物感化。

欧里庇得斯：《美狄亚》

礼物能击碎顽石。

塞万提斯：《堂·吉诃德》

及时送礼可以挽回许多损失。

托·富勒：《箴言集》

适时送出的薄礼能帮你省去购买厚礼所需的大笔开销。

乔·赫伯特：《外国谚语名句选》

每个馈赠厚礼的人，都期待着别人用厚礼回报。

马休尔：《讽刺诗集》

接收礼物的人喟叹道：大多数送礼的人都期待着回赠。

奥糊利：《路规》

我送多少礼要根据你能回赠多少来决定。

俾斯麦：《格言》

“他的礼物确实很丰厚。”但这礼物是悬挂在鱼钩上的；鱼儿又怎能喜欢渔夫呢？

马休尔：《讽刺诗集》

恶人的礼物总带有几分恶意。

乔·赫伯特：《外国谚语名句选》

恶人的礼物带不来任何好处。

欧里庇得斯：《美狄亚》

诚实是神圣的美德

君子诚以为贵。

《札记·中庸》

知之曰知之，不知曰不知，内不以自诬，外不以自欺。

荀子　引自《人生箴言录》

高论而相欺，不若忠论而诚实。

王符：《潜夫论，实质》

不如鄙性好诚实，退无所议进不谀。

刘过：《寄竹隐先生孙应时》

实言实行实心，无不孚人之理。

(孚人：使人信服。)

吕坤：《呻吟语·诚实》

表里相资，古今一也。

刘勰：《文心雕龙·事类》

人之贵朴讷诚笃。

蒲松龄《聊斋志异·惠芳》

修身处世，一诚之外更无余事。

《朱舜水集·诚二首》

致理兴化，必在推诚。

《资治通鉴·唐纪》

“老实”就是不自欺欺人，做到不欺骗人家较易，不欺骗自己最难。

徐特立：《和青年人谈谈心》

老实人之老实，在于不说假话，聪明的老实人，则话要说得准，不但内容准，而且时机、方式和分寸都要讲究，不随便说。

徐懋庸：《老实和聪明》

不知道并不可怕和有害。任何人都不可能什么都知道，可怕的和有害的是不知道而假装知道。

列·托尔斯泰　引自《外国名言一千句》

你能在所有的时候欺骗某些人，也能在某些时候欺骗所有的人，但你不能在所有的时候欺骗所有的人。

林肯　引自《人生箴言录》

不知道决不是祸害，有害的只是迷惑，迷惑的人往往不是因为他不知道，而是因为他认为自己知道。

卢梭　引自《外国名言一千句》

生命不可能从谎言中开出灿烂的鲜花。

海涅：《论浪漫派》

除非你的话能给人安慰，否则最好保持沉默；宁可因为说真话负罪，也不要说假话开脱。

萨迪：《蔷薇园》

诚实和勤勉，应该成为你永久的伴侣。

富兰克林　引自《外国名言一千句》

一个人不诚实，就没有人相信他的话。

伊索：《伊索寓言选》

若将除害马，慎勿信苍蝇。

高适：《钱宋八充彭中丞判官之岭南》

伟大人格的素质，重要的是个诚字。

鲁迅　引自《鲁迅箴言集》

诚实比腐败会赢得更多的好处。

莎士比亚：《莎士比亚全集》

我惟一的信赖，是我的坦白的胸怀；问心无愧，就能坚强。

莎士比亚：《莎士比亚全集》

尤其要紧的，你必须对你自己忠实；正像有了白昼才有黑夜一样，对自己忠实，才不会对别人欺诈。

莎士比亚：《莎士比亚全集》

人是无论什么时候都应该老老实实的。

莎士比亚：《莎士比亚全集》

我只有一片舌头，说不出两种言语。

莎士比亚：《莎士比亚全集》

坦白的供认是最好的辩解。

莎士比亚：《莎士比亚全集》

坦白直率的言语，最容易打动悲哀的耳朵……

莎士比亚：《莎士比亚全集》

一次背誓之后，什么誓都靠不住了。

莎士比亚：《莎士比亚全集》

……纯朴和忠诚所呈现的礼物，总是可取的。

莎士比亚：《莎士比亚全集》

忠诚是一种美德，它甚至会使受奴役本身变得崇高。

威·梅森：《埃尔弗里达》

金钱买来的忠诚一定会被金钱所收买。

塞内加：《阿伽门农》

忠诚是人们心目中最神圣的美德。

塞内加：《致鲁西流书信集》

牢固的结合产生忠诚，
这一谚语永世常存。

高尔：《一个情人的忏悔》

野蛮人的忠诚要看给他们多少钱财。

李维：《编年史》

一个人幸运时需要忠诚，在逆境中更需要忠诚。

塞内加：《阿伽门农》

你若想证实你的坚贞，

首先须证实你的忠诚。

弥尔顿：《失乐园》

老实人既不怕光明，也不怕黑暗。

托·富勒：《箴言集》

老实人从来不吃亏。

约翰·克拉克：《英拉词典》

诚实的人从不为自己的诚实而感到后悔。

托·富勒：《箴言集》

诚实的人决不会因为太诚实而使别人生厌。

约翰·雷：《英国谚语大全》

越下贱就越不诚实。

塞·约翰逊：《文集》

人若失去了诚实，也就失去了一切。

黎里：《尤菲绢斯·尤菲绮斯和尤希鲁斯》

老老实实最能打动人心。

莎士比亚：《理查三世》

诚实而无知，是软弱的，无用的；然而有知识而不诚实，却是危险的，可怕的。

塞·约翰逊：《拉塞勒斯》

有许多真言都是在玩笑中吐露出来。

无名氏：《罗克斯堡民谣》

惟一绝对不可指责的谎言，就是为说谎而说谎。

王尔德：《说谎的堕落》

在脑子里一闪而过的谎言并不伤人，伤人的是那些发自心底的谎言。

弗·培根：《随笔集·论真理》

与其说谎，不如受骗。

埃·哈伯特：《庸人》

没有什么手段比说谎更下贱，更可怜，更卑鄙了。

杰弗逊：《文集》

编造谎言的人的第一次谎不只是自杀行为，而且还是对人类社会的健康的伤害。

爱默生：《论文集第一辑·论谨慎》

没有勇气说真话的人才说假话。

乔·米勒：《艾娜》

惯于撒谎的人即使讲了真话，也不会有人相信。这是一种报应。

引自《巴比伦塔木德》

人什么都可以听，但不能什么都信。

菲得洛斯：《寓言集》

虚伪的谎怎么可以换到真实的爱呢？

莎士比亚：《莎士比亚全集》

虚名是一个下贱的奴隶，在每一座墓碑上说着谎话……

莎士比亚：《莎士比亚全集》

我顶讨厌的就是说谎的人，正像我讨厌说假的人或者不老实的人一样。

莎士比亚：《莎士比亚全集》

说谎是一种超越性的行为。

萨特：《存在与虚无》

蒙蔽是不能长久的。

鲁迅　引自《鲁迅箴言集》

捣鬼有术，也有效，然而有限，所以以此成大事者，古来无有。

鲁迅　引自《鲁迅箴言集》

诚实是格言的第一章。

杰弗逊

赞美好事是好的，但对坏事加以赞美则是一个骗子和奸诈人的行为。

德谟克里特

虚伪的人为智者所轻蔑，愚者所叹服，阿谀者所崇拜，而为自己的虚荣所奴役。

培根

说谎话的人所得到的，就只是即使说了真话也没有人相信。

伊索

虚伪永远不能借它生长在权力中而变成真实。

泰戈尔

诚实是最好的政策。

富兰克林

当信用消失的时候，肉体就没有生命了。

大仲马

诚实和勤勉，应该成为你永久的伴侣。

富兰克林

诚实重于珍宝。

南斯拉夫谚语

一两重的真诚，其值等于一吨重的聪明。

德国谚语

坦白是诚实与勇敢的产物。

马克·吐温

唯有真诚识真诚

君子不亮，恶乎执？

(亮：通“谅”，诚信。)

《孟子·告子下》

君子养心莫善于诚。

《荀子·修身》

多言而不当，不如其寡也。

《管子》

坦夷应世，一心可孚万心。

《史典·愿体诗》

两心不可以得一人，一心可得百人。

《淮南子·缪称训》

巧伪不如拙诚。

《颜氏家训·名实篇》

见其诚心而金石为之开。

《韩诗外传》

开心见诚，无所隐伏。

《后汉书·马援列传》

精诚所加，金石为开。

王充：《论衡·感虚》

诚无垢，思无辱。

(垢：耻辱。)

刘向：《说苑·敬慎篇》

石以坚为性，君勿轻素诚。

(素诚：诚挚的本心。)

鲍照：《拟古八首》

诚信者，即其心易知。

武则天：《臣轨下·诚信章》

诚无不动者，修身则身正，治事则事理。

杨时：《二程粹言·论道篇》

苟以修饰言语为心，是伪而已。

杨时：《二程粹言·论学篇》

多虚不如少实。

陈敷：《农书·财力之宜篇》

神莫神于至诚。

张商英：《素书》

大丈夫举事，当赤心相示，浮言夸辞，吾甚厌之。

(浮言：没有根据的话。)

《太祖实录·明太祖语》

世间好看事尽有，好听话极多，惟求一真字难得。

申居郧：《西岩赘语》；

至诚则金石为开。

《西京杂纪》

老实人，敢讲真话的人，归根到底，于人民事业有利，于自己也不吃亏。

毛泽东　引自《人生箴言录》

假使一个人还有是非之心，倒不如直说的好；否则，虽然吞吞吐吐，明眼人也会看出他暗中“偏袒”那一方，所表白的不过是自己的阴险和卑劣。

鲁迅：《并非闲话》

有了真诚，才会有虚心，有了虚心，才肯丢开自己去了解别人，也才能放下虚伪的自尊心去了解自己。

傅雷：《傅雷家书》

当一个人言行不一致时，这就完全糟了，这会导向伪善。

列宁　引自《人生箴言录》

人与人之间最大的信任就是关于进言的信任。

培根　引自《人生箴言录》

质朴却比巧妙的言辞更能打动我的心。

莎士比亚：《威尼斯商人》

诗人之所以成为诗人，就在于努力使自己的灵魂摆脱一切与虚伪世界相象的东西。

席勒　引自《人生箴言录》

诚恳。不欺骗人；思想要纯洁公正；说话也要如此。

富兰克林：《富兰克林自传》

齐斗堆金，难买丹诚一寸真。

晏几道：《采桑子》

信言不美，美言不信。

引自《老子》

无须“始终如一”，但要真诚坦荡。

奥·霍姆斯：《早餐桌上的教授》

失去了真诚等于失去了活力。

博维：《思想概要，诚挚》

惟有真诚识真诚。

托·卡莱尔：《英雄与英雄崇拜·国王英雄》

诚实的人必须对自己守信；他的最后靠山就是真诚。

爱默生：《集外演讲录·席间闲谈》

当今世界的所有恶劣品质中，不真诚是最危险的。

弗劳德：《大事小议·教育》

要想证明一个人的真诚，就看他是否把自己奉献给了一个信仰。

詹·拉·洛威尔：《我书中的人物·卢梭和伤感主义者》

肺腑之言是最能打动人心的。

爱默生：《论文集第一辑·论精神法则》

激情和生命是流自内心的源泉，

我并不希望只在外表上获得它们。

柯尔律治：《沮丧》

许多誓不一定可以表示真诚，真心的誓只要一个就够了。

莎士比亚：《莎士比亚全集》

君子诚之为贵。

《礼记·中庸》

君子成人之美，不成人之恶。

《论语·颜渊》

一片冰心在玉壶。

王昌龄

与人相处之道，第一要谦下诚实。

《训俗遗规》

欲当大事，须是笃实。

《琼琚佩语·政术》

人之贵朴讷诚笃。

蒲松龄

以诚感人者，人亦诚而应。

程颐

见其诚心，石为之开。

《韩诗外传》

诚之所感，触处皆通。

吴处厚《青箱杂记》

真者，精诚之至也，不精不诚，不能动人。

《庄子·渔夫》

诚其意者，毋自欺也。

《札记·大学》

车无辕而不行，人无信而不立。

孔子

国宝于民，民宝于信。

司马光

惟天下至诚，为能经纶天下之大经，立天下之大本。

《中庸》

忠诚所感金石开，勉建功名垂竹帛。

陆游

鹅毛赠千里，所重以其人。

欧阳修

真实就是美，与真实对立的就是丑。

普洛丁

真诚是处世行事的最好方法。

怀特利

世界未有比真诚人更为可贵的。

西塞罗

虚伪的真诚，比魔鬼更可怕。

泰戈尔

生命不可能从谎言中开出灿烂的鲜花。

海涅

您必须保持诚实人的立场。这时常是冒险的，这需要有勇气。

奥斯特洛夫斯基

我希望我将具有足够的坚定性和美德，借以保持所有称号中我认为最值得羡慕的称号：一个诚实的人。

华盛顿

我们必须使世人能够诚实，我们才能诚实地对我们的孩子说：诚实才是上策。

肖伯纳

人无信不立

人而无信，不知其可也。

《论语·为政》

言忠信，行笃敬。

《论语·卫灵公》

言必信，行必果。

《论语·子路》

古者言之不出，耻躬之不逮也。

(躬：身行，实践。)

《论语·里仁》

忠自中，而信自身，其为德也深矣。

《国语·晋语》

不宝金玉，而忠信以为宝。

《札记·儒行》

君子不失口于人，故言足信也。

(失口：不该说的话反而说了。)

《札记·表记》

轻诺必寡信，多易必多难。

《老子》

圣人之诺已也，先论其理义，计其可否，义则诺，不义则已，可则诺，不可则已。

《管于·形势》

辟言不信，如彼行迈，则靡所臻。

(辟：法则。行迈，行走。臻；到达。)

《诗经·小雅》

素信者昌。

《孙子兵法·威王问》

天地之大，四时之化，而犹不能以不信成物，又况于人乎？

《吕氏春秋·贵信》

人之所助者，信也。

(助：益，帮助。)

《易经，系辞上》

能信不为人下。

《左传·成公十七年》

失信不立。

《左传·成公八年》

言而不信，何以为言？

《谷梁传·僖公二十二年》

口言不忘信。

《尸子·四仪》

片善可嘉，朝闻甘于夕死，一诺犹重，黄金贱于白圭。(白圭；璧玉。)

《骆临海集·买泉颂》

人先信而后求能。

《淮南子·说林训》

凡出言，信为先，诈与妄，奚可焉。

《弟子规》

布令信而不食言。

刘向：《说苑·政理》

立功者患信义不著，不患名位不高。

《资治通鉴·晋纪》

丈夫一言许人，千金不易。

《资治通鉴·唐纪》

以信接人，天下信之；不以信接人，妻子疑之。

杨泉：《物理论》

海岳尚可倾，口诺终不移。

《唐诗纪事》

夫可与为始，可与为终者，其惟信乎！

武则天：《臣轨下·诚信章》

自圭玷可灭，黄金诺不轻。

陈子昂：《座右铭》

百金孰为重，一诺良匪轻。

卢照邻：《咏史》

非行之难，终之斯难，所言信矣。

吴兢：《贞观政要·慎终》

一语为重万金轻，

王安石：《商鞅》

推诚而不欺，守信而不疑。

林通：《省心录》

去食去兵，不可去信。

关汉卿：《独赴单刀会》

受人之托，终人之事。

高则诚：《琵琶记》

上下相孚，才德称位。

(孚：信任。)

宗臣：《报刘一文书》

凡与人言即当其事之可否，可则诺，不可则无诺。

申涵煜：《省心短语》

轻诺必寡信；多易必多难。

引自《老于》

不许诺也就不存在什么失信和践约的问题。

伊丽莎白一世女王　引自

迪伊《日记》

好许诺的人也好忘掉自己的诺言。

托·富勒：《箴言集》

有些人许诺是为了享受食言的乐趣。

威·赫兹里特：《特性》

许诺也即负债。

乔叟：《坎特伯雷故事·法庭差役的故事·开场白》

向不幸者许下的愿往往是不会兑现的。

梅斯菲尔德：《野天鹅》

承诺——多多地承诺——是做广告的宏旨所在。

塞·约翰逊：《懒汉》

愿许得越好听就越不能兑现，如同馅饼皮做得越脆就越易破一样。

爱·沃德

许愿的巨人必然是践诺的矮子。

约·海伍德：《警句集60》

许愿快的人，兑现时总是慢腾腾的。

斯均吉翁：《耕者像》

人们说诺言中未兑现的那一半就是空话。

埃德加·沃森·豪：《豪氏月刊》

我们许诺是出于希望，兑现是出于害怕。

拉罗什富科：《箴言录》

好话肥不了人，许愿虽能给人以一时的喜悦，但光许愿不兑现只能使人更加恼怒。

黎里：《尤菲绮斯及其英国》

要博听众言，但不可轻信。

罗·赫里克：《猜疑》

轻信别人的人也即骗子。

弗·培根：《学识的增长》

老实人的惟一缺点就是轻信。

菲·锡德尼：《阿卡迪亚》

出于感情而产生的轻信，不会给理智带来危害。

茹贝尔：《名言集》

那种别人说什么就信什么的人，终将一事无成。

佩特罗尼乌斯：《萨蒂利孔》

轻信者不须具备宽厚的肩膀以承担后果。

乔·赫伯特：《外国谚语名句选》

青年人容易轻信，而老年人则容易猜疑。

引自威·皮特1776早1月14日在下院的演说

老实人的憨相就是一张可靠的还帐契约：所谓信用，就是

弗·培根：《格言集》

事情总是因为不可信才变得可信。

罗·伯顿：《忧郁症剖析》

很少有人能够恰如其分地相信自己。

托·富勒：《箴言集》

把这句话记得紧："一律现付，概不赊帐。"哪一个都信不得。

莎士比亚：《亨利五世》

我们最容易相信我们所热切希望的东西。

爱·扬格：《夜思》

谁希望什么，谁就会相信什么。

昆体良：《演说术原理》

人与人之间最大的信任是精诚相见。

弗·培根：《随笔集·论忠告》